LEY POR EL DERECHO A LA VIVIENDA

LEY POR EL DERECHO A LA VIVIENDA

EDICIÓN 2023

(Edición actualizada a 1 de junio de 2023)

COLEX 2023

© Editorial Colex, S.L.
Calle Costa Rica, número 5, 3º B (local comercial)
A Coruña, 15004, A Coruña (Galicia)
info@colex.es
www.colex.es

I.S.B.N.: 978-84-1359-968-7
Depósito Legal: C 968-2023

ABREVIATURAS

Art./Arts.	Artículo/s
BOE	Boletín Oficial del Estado
CC	Código Civil
D.A.	Disposición Adicional
D.DT.	Disposición Derogatoria
D.F.	Disposición Final
D.T.	Disposición Transitoria
LBRL	Ley 7/1985, de 2 de abril, Reguladora de las Bases del Régimen Local
LCSP	Ley 9/2017, de 8 de noviembre, de Contratos del Sector Público, por la que se transponen al ordenamiento jurídico español las Directivas del Parlamento Europeo y del Consejo 2014/23/UE y 2014/24/UE, de 26 de febrero de 2014
LPAC	Ley 39/2015, de 1 de octubre, del Procedimiento Administrativo Común de las Administraciones Públicas
LRJSP	Ley 40/2015, de 1 de octubre, de Régimen Jurídico del Sector Público
RDDP	Real Decreto 817/2009, de 8 de mayo, por el que se desarrolla parcialmente la Ley 30/2007, de 30 de octubre, de Contratos del Sector Público
RDleg	Real Decreto Legislativo
RGLCAP	Real Decreto 1098/2001, de 12 de octubre, por el que se aprueba el Reglamento general de la Ley de Contratos de las Administraciones Públicas
TRLCSP	RDLeg. 3/2011, de 14 de noviembre, por el que se aprueba el Texto Refundido de la Ley de Contratos del Sector Público. (Norma derogada)

SUMARIO

LEY 12/2023, DE 24 DE MAYO, POR EL DERECHO A LA VIVIENDA

PREÁMBULO

TÍTULO PRELIMINAR. Disposiciones generales 30

TÍTULO I. Función social y régimen jurídico de la vivienda 37

CAPÍTULO I. Estatuto básico del ciudadano 37

CAPÍTULO II. Régimen jurídico básico del derecho de propiedad de la vivienda 38

TÍTULO II. Acción de los poderes públicos en materia de vivienda 40

CAPÍTULO I. Principios generales de la actuación pública en materia de vivienda 40

CAPÍTULO II. Colaboración y cooperación entre administraciones públicas en materia de vivienda 48

CAPÍTULO III. Actuación del estado en materia de vivienda 49

TÍTULO III. Parques públicos de vivienda 53

TÍTULO IV. Medidas de protección y transparencia en las operaciones de compra y arrendamiento de vivienda 55

CAPÍTULO I. Régimen general de derechos e información básica 55

CAPÍTULO II. Información y transparencia en materia de vivienda y suelo 57

DISPOSICIONES ADICIONALES 59

DISPOSICIONES TRANSITORIAS 62

DISPOSICIONES DEROGATORIAS 64

DISPOSICIONES FINALES 64

LEY 12/2023, DE 24 DE MAYO, POR EL DERECHO A LA VIVIENDA

LEY 12/2023, DE 24 DE MAYO, POR EL DERECHO A LA VIVIENDA

—BOE de 25 de mayo de 2023—

FELIPE VI

REY DE ESPAÑA

A todos los que la presente vieren y entendieren.

Sabed: Que las Cortes Generales han aprobado y Yo vengo en sancionar la siguiente ley:

PREÁMBULO

I

La Constitución española (CE) reconoce, en su artículo 47, el derecho al disfrute de una vivienda digna y adecuada e impone seguidamente a los poderes públicos el deber de promover las condiciones necesarias que garanticen la igualdad en el ejercicio de los derechos y el cumplimiento de los deberes constitucionales y de establecer las normas pertinentes para hacer efectivo el referido derecho. Todo ello como proyección de su artículo 9.2, lo que explica su ubicación sistemática en el capítulo III del título I de la norma fundamental, referido a los principios rectores de la política social y económica.

Por su objeto, el derecho constitucional así reconocido incide en el goce del contenido de otros derechos constitucionales, declarados incluso fundamentales, como los relativos a la integridad física y moral (artículo 15 CE), a la intimidad personal y familiar (artículo 18 CE), a la protección de la salud (artículo 43 CE) y a un medio ambiente adecuado (artículo 45 CE); derechos, todos ellos, que guardan una relación estrecha con los valores de la calidad de vida –de la que habla el propio preámbulo de la norma fundamental– y del libre desarrollo de la personalidad en sociedad (artículo 10.1 CE). Esta incidencia e imbricación también se deduce de la jurisprudencia del Tribunal Europeo de Derechos Humanos y resalta en la doctrina del Tribunal Constitucional, que es receptiva de aquella. Todo lo cual modula, tanto el derecho de propiedad, como la libertad de empresa, cuando operan en el sector de la vivienda, desde el doble punto de vista de la función social que deben cumplir y del interés general, respectivamente (artículos 33.2, 38, 128.1 y 131.1 CE). Y ello sobre el trasfondo de la igualdad de todos los españoles en cualquier parte del territorio del Estado (artículo 139.1 CE) en los términos del artículo 14 CE y, en particular, de las personas y grupos sociales en situación de especial desventaja (artículo 48 CE) y los legítimos intereses de consumidores y usuarios, de acuerdo con el artículo 51.1 de la Constitución Española.

La vivienda resulta ser, así, un bien esencial de rango constitucional que presenta múltiples dimensiones. Desde esta perspectiva, el propio Tribunal Constitucional ha reiterado que no constituye un título competencial autónomo, sino que puede recaer bajo distintos títulos competenciales estatales o autonómicos dependiendo de cuál sea el enfoque y cuáles los instrumentos regulatorios utilizados en cada caso por el legislador. Dicha complejidad competencial es clara consecuencia de las distintas dimensiones constitucionales que presenta la vivienda.

La vivienda constituye, ante todo, un pilar central del bienestar social en cuanto lugar de desarrollo de la vida privada y familiar, y centro de todas las políticas urbanas. Pero también, desde el punto de vista de su soporte físico, es un bien que acota un sector económico dedicado a su producción, puesta en el mercado y su gestión. De hecho, en el conjunto de la edificación urbana, la vivienda ocupa el 80% del espacio construido y, como tal, es un factor determinante de la estructuración espacial.

Es lógico que, dada su relevancia social, el derecho a la vivienda se recoja en importantes declaraciones internacionales, como la Declaración Universal de Derechos Humanos, adoptada y proclamada por la 183.ª Asamblea General de la Organización de las Naciones Unidas, de 10 de diciembre de 1948. Su artículo 25.1 prevé que toda persona tiene derecho a un nivel de vida adecuado que le asegure, tanto a él o ella, como a su familia, la vivienda. El Pacto Internacional de Derechos Económicos, Sociales y Culturales, hecho en Nueva York el 19 de diciembre de 1966, reconoce también en su artículo 11.1, el derecho de toda persona a un nivel de vida adecuado incluyendo, entre otros, una vivienda igualmente adecuada. Asimismo, la Convención Internacional sobre los Derechos de las Personas con Discapacidad sigue esta misma línea, reconociendo a lo largo de su articulado la necesidad de garantizar la accesibilidad como presupuesto fundamental para el disfrute de una vivienda adecuada.

La Unión Europea también ha avanzado en el reconocimiento del derecho a la vivienda de toda persona, que se recogió en la Carta Social Europea de 1961 y se reforzó en la Carta Social Europea revisada en 1996, según la cual las partes se comprometen a adoptar medidas destinadas «a favorecer el acceso a la vivienda de una calidad suficiente; a prevenir y paliar la situación de carencia de hogar con vistas a eliminar progresivamente dicha situación y a hacer asequible el precio de las viviendas a las personas que no dispongan de recursos suficientes». También el artículo 19 del Pilar Europeo de derechos sociales, incorpora la vivienda entre los principios y los derechos esenciales para el funcionamiento de los sistemas de bienestar europeo y, por último, la Carta de los Derechos Fundamentales de la Unión Europea aprobada por el Parlamento, el Consejo y la Comisión Europea el 7 de diciembre de 2000 establece en su artículo 34.3 que «con el fin de combatir la exclusión social y la pobreza, la Unión reconoce y respeta el derecho a una ayuda social y a una ayuda de vivienda para garantizar una existencia digna a todos aquellos que no dispongan de recursos suficientes, según las modalidades establecidas por el Derecho comunitario y las legislaciones y prácticas nacionales».

En esta misma línea se ha expresado la Resolución del Parlamento Europeo, de 21 de enero de 2021, sobre el acceso a una vivienda digna y asequible para todos, en la que se pide a la Comisión y a los Estados miembros que se aseguren de que el derecho a una vivienda adecuada sea reconocido y ejecutable como un derecho humano fundamental mediante disposiciones legislativas europeas y estatales aplicables, y que garanticen la igualdad de acceso para todos a una vivienda digna. En suma, la normativa internacional más actual es consciente del proceso de segregación de facto en el acceso a la vivienda de la que es víctima gran parte de la población, especialmente jóvenes y familias y colectivos vulnerables. Como consecuencia, sus postulados demandan un cambio de paradigma en la consideración jurídica de la vivienda, para reforzar su función como servicio social de interés general. Sólo de este modo será posible garantizar el derecho efectivo a una vivienda digna y asequible para todas las personas jóvenes, y especialmente a aquellos colectivos en riesgo de exclusión, reconocido y ejecutable como un derecho humano fundamental e incluyendo en el mismo el acceso a los servicios básicos definidos en la legislación urbanística y de ordenación del territorio, contribuyendo así a garantizar la vida digna en un entorno adecuado y a erradicar la pobreza en todas sus formas.

Por su parte, las Agendas Urbanas internacionales prestan especial atención, también, a la vivienda y, en concreto, la Agenda Urbana Española, alineada con estas y con los objetivos de desarrollo sostenible que proclama la Agenda 2030, reclama la promoción de medidas y la adopción de políticas en materia de vivienda que respalden la realización progresiva del derecho de todas las personas a una vivienda digna y adecuada, a precios asequibles; que luchen contra todas las formas de discriminación y violencia, especialmente en materia de género; que impidan los desalojos forzosos arbitrarios y que se centren en las necesidades de las personas sin hogar erradicando el fenómeno del sinhogarismo, de quienes padecen situaciones de vulnerabilidad, de los grupos sociales con bajos ingresos y especiales dificultades y de las personas con discapacidad; a la vez que propician la participación y la colaboración de las comunidades y de todas las personas interesadas. Estas nuevas Agendas, tanto nacional, como internacionales, muestran a los Estados y demás escalones de Administración Pública la necesidad de reconocer la función social del suelo y de la vivienda y su compromiso a favor de una amplia gama de opciones de creación de vivienda, de promoción de diversos tipos de tenencia y de enfoques centrados, en suma, en las personas. Todo ello en el marco de una visión inclusiva de los asentamientos humanos.

Asimismo, la aprobación de la presente ley cumple con el hito establecido en el Plan de Recuperación, Transformación y Resiliencia de España, relativo a la reforma C02.R03 «Ley de Vivienda» recogido en el número 22 del anexo a la Propuesta de Decisión de Ejecución del Consejo, de 16 de junio de 2021, relativa a la entrada en vigor de una norma que incluye acciones de apoyo al aumento de la oferta de viviendas que cumplan los requisitos de los edificios de consumo de energía casi nulo, estrechamente vinculado a los objetivos que marca la propia definición de vivienda digna y adecuada a los que se orienta el conjunto de medidas adoptadas.

El deber impuesto por el artículo 47 CE incumbe a todos los poderes públicos sin excepción, que están obligados a cumplirlo en el marco de sus respectivas esferas de competencia. Esta ley debe entenderse, por tanto, en el contexto del cumplimiento por parte del Estado de la obligación que, en el marco de sus competencias constitucionales, le incumbe en la protección del derecho a acceder a una vivienda digna y adecuada y a su disfrute. Su dictado se produce, además, en un momento especialmente relevante, cuando tras la crisis económica y financiera de la última década y en el contexto de una progresiva recuperación tras la difícil situación a la que abocó la pandemia a muchas personas y hogares, una parte importante de la población sigue sufriendo severos impactos de la misma, focalizados en muchos casos en la pérdida de la vivienda o en la imposibilidad de acceder a ella en condiciones asequibles, y tras la aprobación de un buen número de normas autonómicas que, de forma más coyuntural que estructural, han tratado de dar respuesta a las necesidades sociales de vivienda más perentorias. De hecho, una gran mayoría de dichas leyes son de segunda generación, es decir, han sido aprobadas estando vigentes las primeras o segundas leyes de vivienda de las respectivas Comunidades Autónomas.

Contrasta, por ello, la ausencia en las políticas legislativas del Estado de una norma en materia de vivienda que, al igual que existe en otros ámbitos con los que está íntimamente relacionada, fije aquellas condiciones básicas y de igualdad que garanticen un tratamiento uniforme del derecho a la vivienda que reconoce la Constitución, además de aquellos otros aspectos que, por virtud de sus títulos competenciales, le corresponden. El propio Tribunal Constitucional, en una suerte de reproche al legislador estatal, ha puesto en evidencia la inexistencia de una legislación estatal sobre vivienda que sirva como parámetro de constitucionalidad a la elevada producción normativa autonómica en la materia. La Sentencia 16/2018, de 22 de febrero, por citar alguna de ellas, justifica la imposibilidad de considerar que una norma autonómica contradice las competencias estatales cuando el legislador estatal no ha «dictado, para asegurar una cierta igualdad en el ejercicio del derecho constitucional a la propiedad privada, una norma que reserve al propietario de viviendas (o de edificaciones en general) la decisión de tenerlas permanentemente habitadas» (F.J. 8.a). También, recuerda la Sentencia 80/2018, de 5 de julio, que «No habiendo el legislador estatal ejercido la habilitación que el art. 149.1.1.ª CE le otorga, resulta necesario afirmar que el legislador autonómico en materia de vivienda, en el momento en el que realizamos este enjuiciamiento, no encuentra límites desde esta perspectiva constitucional». Esta misma doctrina jurisprudencial se reitera en otras sentencias como la 32/2018, de 10 de abril, y la 43/2018, de 26 de abril.

Esta ley es, por tanto, la primera ley estatal reguladora del derecho a la vivienda desde la aprobación de la Constitución, si bien, no puede decirse que el Estado haya estado ausente en las políticas de vivienda. Es bien conocida la importante asignación de fondos públicos a través de ayudas correspondientes al ámbito fiscal y la aprobación sistemática y continuada durante toda la democracia de los conocidos Planes de Vivienda que han tenido una amplia e indudable repercusión sobre la población. No obstante, todos ellos mantuvieron a lo largo del tiempo un carácter unitario y constante, tanto en su diseño, como en su contenido, defendiendo y materializando una política de vivienda basada fundamentalmente en el fomento de la producción de un volumen creciente de viviendas, la ocupación de nuevos suelos con el consiguiente crecimiento de las ciudades y la apuesta por la propiedad como forma esencial de acceso a la vivienda.

Esta política expansiva y de fomento de la propiedad, comenzó a reorientarse hacia la rehabilitación y el alquiler, con el Plan Estatal de Vivienda y Rehabilitación 2009-2012, regulado por el Real Decreto 2066/2008, de 12 de diciembre. Los siguientes planes estatales: el Plan Estatal de fomento del alquiler de viviendas, la rehabilitación edificatoria, y la regeneración y renovación urbanas 2013-2016, regulado por el Real Decreto 233/2013, de 5 de abril, el Plan Estatal de Vivienda 2018-2021, regulado por Real Decreto 106/2018, de 9 de marzo, y el Plan Estatal para el acceso a la vivienda 2022-2025 regulado por Real Decreto 42/2022, de 18 de enero, sirven para confirmar y reforzar este cambio de modelo.

No obstante, aún existen importantes desequilibrios entre la nueva construcción y la actividad de rehabilitación y entre la tenencia de vivienda en propiedad y en alquiler, a lo que se suma el hecho de que los parques públicos de vivienda en alquiler sean del todo insuficientes para atender la necesidad de aquellas personas y hogares que tienen más dificultades para acceder al mercado por sus escasos medios económicos. Valga el dato de que, del total de las viviendas construidas entre el año 1962 y el año 2020, el 31,5 % fueron viviendas protegidas, es decir, unos 5,7 millones de viviendas que se promovieron al amparo de algún régimen de protección pública, pero que en su mayoría y pese al importante esfuerzo público realizado en su promoción y construcción, han dejado de estar sujetas, en plazos relativamente cortos, a ningún tipo de límite de venta o alquiler.

También desde el punto de vista territorial, es preciso reconocer que los desequilibrios en el acceso a la vivienda no se producen únicamente en los entornos urbanos y en las grandes ciudades, sino que también en el medio rural se identifica en muchas ocasiones una insuficiente oferta de vivienda disponible en adecuadas condiciones y son necesarias acciones encaminadas a la recuperación, rehabilitación o adaptación del parque edificatorio existente, que precisan el particular apoyo de los poderes públicos. Así, se hace necesario que todas las administraciones, en el ejercicio de sus competencias sobre vivienda, garanticen el acceso a la vivienda en las áreas rurales, especialmente para los colectivos vulnerables, impulsando la cohesión territorial y facilitando la lucha contra la despoblación.

Hoy se considera imprescindible que la planificación económica en materia de vivienda cuente con un marco legislativo estable, una de cuyas misiones trata de cumplir esta ley.

En lo que se refiere a la calidad del parque de viviendas, la normativa estatal de edificación establece requisitos y exigencias básicas que afectan directamente a la funcionalidad, la seguridad y la habitabilidad de las viviendas. Sin embargo, dichas exigencias sólo aplican en aquellas viviendas de nueva construcción o en determinadas intervenciones sobre las existentes y no se dota de instrumentos efectivos para asegurar el conocimiento efectivo por parte del adquirente o arrendatario de la calidad y prestaciones de la vivienda que es objeto de la operación inmobiliaria, un aspecto clave para asegurar su adecuación al derecho constitucional. Por ello se hace necesario establecer unos principios generales de actuación para garantizar que en tales operaciones se disponga de la información suficiente para contrastar a través de los datos y características de la vivienda, que puede ser considerada como digna y adecuada para que una persona o unidad de convivencia pueda habitarla y disfrutar de ella, tal y como reclama la Constitución.

II

Conforme al artículo 148.3 de la Constitución, todas las Comunidades Autónomas tienen asumida en sus Estatutos de Autonomía, sin excepción, la competencia plena en materia de vivienda. A diferencia del Estado, que sólo puede incidir, con distinto alcance y sobre la base de títulos competenciales diversos, en la política de vivienda, los legisladores autonómicos pueden formular completos programas normativos de la acción pública en la materia. Uno y otras están abocados, por tanto, a articular sus respectivas actuaciones de modo que puedan desplegarse en un marco normativo coherente, estable y seguro que haga posible la realidad del derecho reconocido en el artículo 47 de la Constitución en ejecución de las medidas, acciones, planes y programas correspondientes y la igualdad básica de todos los españoles en relación con dicho derecho.

La jurisprudencia constitucional también ha avalado este esquema de concurrencia competencial. La Sentencia clave a estos efectos es la Sentencia del Tribunal Constitucional 152/1988, de 20 de julio, que tuvo como objeto de análisis uno de los planes de vivienda estatales de protección pública a la vivienda y que amparó la dinámica de dichos planes. Dicha Sentencia, al lado de otras posteriores, han mantenido, en lo básico, el esquema inicial del Tribunal Constitucional, que amparó la competencia estatal para aprobar los planes de vivienda, fundamentalmente con base en el artículo 149.1.13.ª CE, que atribuye al Estado la competencia relativa a la planificación general de la actividad económica, en concreto el establecimiento de bases y coordinación de esta planificación.

Pero, existen otros títulos competenciales que exigen al Estado abordar esta tarea legislativa. En primer lugar, el del artículo 149.1.1.ª CE para regular las condiciones básicas que garanticen la igualdad de todos los españoles en el ejercicio de los derechos y en el cumplimiento de los deberes constitucionales, en este caso, en relación con el derecho de propiedad de la vivienda, pero también con el ejercicio del derecho constitucional a disfrutar de una vivienda digna y adecuada e incluso con los derechos a la intimidad y la inviolabilidad del domicilio, puesto que la vivienda habitual es donde la inmensa mayoría de las personas tienen su domicilio y ejercen la intimidad de su vida personal y familiar. La dignidad y adecuación de la vivienda son, pues, condiciones asimismo para el ejercicio de estos derechos de las personas que las habitan.

En segundo lugar, están las competencias estatales en materia de legislación mercantil (artículo 149.1.6.ª CE) y civil (artículo 149.1.8.ª CE) en relación con los contratos vinculados al acceso a la vivienda, tal y como ha admitido sin vacilar la jurisprudencia constitucional (*vid.,* por todas, la Sentencia del Tribunal Constitucional 15/1989, de 26 de enero). En tercer lugar, cabe citar el establecimiento de las bases de la ordenación del crédito, banca y seguros (artículo 149.1.11.ª CE), resultando obvio que la producción de viviendas por las empresas promotoras y su adquisición por parte de la ciudadanía requiere, de forma mayoritaria, de préstamos otorgados por las entidades de crédito, materia en la que la competencia estatal es relevante. En íntima conexión con esta competencia estatal se encontraría también la relativa a hacienda general y deuda del Estado (artículo 149.1.14.ª), que constituyen títulos competenciales que se han venido ejerciendo por el Estado en la regulación de los préstamos convenidos o cualificados o en el otorgamiento de ayudas económicas. En último lugar, la competencia estatal para dictar legislación básica sobre protección del medio ambiente (artículo 149.1.23.ª CE), también lleva al Estado a dictar una norma en materia de vivienda, habida cuenta de la repercusión ambiental de la producción y utilización de las viviendas, así como la competencia relativa a las bases del régimen minero y energético (artículo 149.1.25.ª CE), puesto que el subsector vivienda es un ámbito clave en relación con las medidas de eficiencia y ahorro de energía.

Esto es, toda una pléyade de títulos competenciales, cuyo ejercicio estatal exige la aprobación de normas estatales sobre la materia vivienda, sin perjuicio, naturalmente, del legítimo ejercicio de las competencias exclusivas en dicha materia asumidas por las Comunidades Autónomas y también por otras Administraciones públicas, particularmente la municipal, a la que se atribuye como competencia propia la promoción y gestión de la vivienda de protección pública con criterios de sostenibilidad financiera en virtud del artículo 25.2 de la Ley 7/1985, de 2 de abril, de Bases del Régimen Local.

III

La presente Ley de vivienda, sobre la base de las referidas competencias estatales, busca el establecimiento de una regulación homogénea de los aspectos más esenciales de las políticas de vivienda que tanto afectan, como se ha señalado, no sólo a la satisfacción del propio derecho de acceso a la vivienda, sino también a la de otros derechos constitucionales y a la actividad económica del país. Y ello desde una doble vertiente, una jurídico-pública, como es la contemplada, principalmente, en el título preliminar y en los títulos I a III, y otra vertiente jurídico-privada, más presente en el título IV.

Dentro de este marco, los objetivos perseguidos por la ley son los siguientes:

– Establecer una regulación básica de los derechos y deberes de los ciudadanos en relación con la vivienda, así como de los asociados a la propiedad de vivienda, aplicable a todo el territorio nacional.

– Facilitar el acceso a una vivienda digna y adecuada a las personas que tienen dificultades para acceder a una vivienda en condiciones de mercado, prestando especial atención a jóvenes y colectivos vulnerables y favoreciendo la existencia de una oferta a precios asequibles y adaptada a las realidades de los ámbitos urbanos y rurales.

– Dotar de instrumentos efectivos para asegurar la funcionalidad, la seguridad, la accesibilidad universal y la habitabilidad de las viviendas, garantizando así la dignidad y la salud de las personas que las habitan.

– Definir los aspectos fundamentales de la planificación y programación estatales en materia de vivienda, con objeto de favorecer el ejercicio del derecho constitucional en todo el territorio.

– Regular el régimen jurídico básico de los parques públicos de vivienda, asegurando su desarrollo, protección y eficiencia para atender a aquellos sectores de la población con mayores dificultades de acceso.

– Favorecer el desarrollo de tipologías de vivienda adecuadas a las diferentes formas de convivencia y de habitación, favoreciendo la adaptación a las dinámicas y actuales exigencias de los hogares.

– Mejorar la protección en las operaciones de compra y arrendamiento de vivienda, introduciendo unos mínimos de información necesaria para dar seguridad y garantías en el proceso.

Para avanzar en el cumplimiento de estos objetivos, la ley se estructura en cinco títulos y contiene 36 artículos, seis disposiciones adicionales, cuatro disposiciones transitorias, una disposición derogatoria y nueve disposiciones finales.

En primer lugar, en el título preliminar, se concretan el objeto y los fines de la ley y se establecen las correspondientes definiciones legales. Además, se configuran las políticas destinadas a satisfacer el derecho de acceso a una vivienda digna y adecuada como un servicio de interés general, tanto mediante la creación y gestión de parques públicos de vivienda como a través de aquellas actuaciones, públicas y privadas, que tengan por objetivo la provisión de viviendas sometidas a algún régimen de protección pública.

Las políticas públicas en materia de vivienda han de orientarse desde esta doble perspectiva, de un lado, es imprescindible para cumplir el mandato del artículo 47 CE, que las administraciones territoriales competentes desarrollen sus respectivos parques públicos de vivienda para destinarlos, con carácter prioritario, a satisfacer la necesidad de vivienda de aquellos colectivos más desfavorecidos, en situaciones de vulnerabilidad o exclusión social y, con carácter general, de todos aquellos que tengan dificultades de acceso a la vivienda en el mercado.

De otro lado, las políticas públicas deben favorecer la existencia de una oferta suficiente y adecuada de vivienda, que responda a la demanda existente y permita el equilibrio del mercado, asegurando la transparencia y adecuado funcionamiento del mismo.

Finalmente, el título preliminar regula también, a modo de como se hace ya en el ámbito del urbanismo, o el medioambiental, la acción pública para exigir el cumplimiento de la normativa aplicable en esta materia y define el principio de igualdad y no discriminación en el ámbito de la vivienda.

En el título I, se regulan aspectos esenciales del derecho constitucional a una vivienda digna y adecuada, recogiendo el estatuto básico del ciudadano en relación con la vivienda, así como el régimen jurídico básico del derecho de propiedad de la vivienda, definiendo las facultades y deberes que comporta. Entre otros aspectos, en zonas de mercado residencial tensionado se introduce un deber legal de información por parte de los grandes tenedores, a requerimiento de la Administración competente en materia de vivienda, con objeto de asegurar el cumplimiento de los deberes asociados al derecho de propiedad de la vivienda, especialmente en estos entornos en los que debe evitarse prácticas de retención y desocupación indebidas, que podrían tener efectos muy negativos en el mercado residencial a nivel local.

En este contexto, se entiende la definición de carácter general del concepto de «gran tenedor», como la persona física o jurídica que sea titular de más de diez inmuebles urbanos, excluyendo garajes y trasteros, o una superficie construida de más de 1.500 m^2, en los términos ya recogidos en el Real Decreto-ley 11/2020, de 31 de marzo, por el que se adoptan medidas urgentes complementarias en el ámbito social y económico para hacer frente al COVID-19, acotándose en el texto de la ley a aquellos inmuebles y superficie que sea de uso residencial. Si bien, se especifica que tal definición general podrá ser particularizada en la declaración de entornos de mercado residencial tensionado, pudiendo alcanzar a titulares de cinco o más inmuebles urbanos de uso residencial que estén ubicados en dichos entornos.

En todo caso, las definiciones recogidas en la ley se establecen a los efectos de lo dispuesto en la propia ley, respetando en todo caso las definiciones existentes o las que pudieran adoptarse en el marco de las legislaciones de las comunidades autónomas sobre esta materia.

A través de todo ello se trata de favorecer el equilibrio entre la oferta de vivienda y la necesidad de residencia habitual en las zonas definidas como de mercado residencial tensionado, promoviendo los instrumentos, la planificación y las medidas necesarias para revertir, desde los poderes públicos, tal situación. No puede dejar de reconocerse que buena parte de estos contenidos normativos ya se encontraban presentes, de una u otra forma, en algunas leyes autonómicas, pero es precisamente la ausencia de regulación en otras Comunidades Autónomas, la que enfatiza la necesidad de establecer, precisamente por el Estado, unos mimbres legales comunes de aspectos tan esenciales y básicos para las políticas de protección del derecho de acceso a una vivienda digna y adecuada. Entre ellos, que las facultades de las personas propietarias no amparan el uso antisocial de la vivienda o la discriminación por cualquier razón, entre otras. También la definición de los derechos y deberes básicos del propietario de vivienda, como el de uso y disfrute de la misma, de manera efectiva.

De esta forma la ley establece un estatuto de derechos y deberes de los propietarios de vivienda que atiende a las características de la propia vivienda y el edificio en que se enclava, del entorno urbano o rural y a las particularidades del titular del inmueble, aspectos todos ellos que inciden en la salvaguarda de la función social que debe ser inherente a la vivienda.

En el título II, se recogen los aspectos fundamentales de la actuación pública en materia de vivienda, precisando algunos principios vinculados a la ordenación territorial y urbanística y regulando las herramientas básicas de la planificación estatal en esta materia, con plena salvaguarda de la competencia autonómica en esta materia.

Así, la ley articula las políticas de planificación y programación públicas, sobre dos categorías de vivienda protegida: vivienda social y vivienda de precio limitado.

El parque de vivienda social está integrado por el conjunto de viviendas sobre suelo de titularidad pública, destinado al alquiler, cesión u otras formas de tenencia temporal, orientado, de manera prioritaria, a atender las necesidades de los sectores de población con mayores dificultades de acceso a la vivienda.

Dentro del parque de vivienda social se encuentran las viviendas dotacionales públicas, que son aquellas que ocupan terrenos calificados urbanísticamente como dotacionales públicos o que forman parte de edificaciones o locales destinados a equipamientos de titularidad pública y afectos al servicio público. Las viviendas dotacionales públicas podrán gestionarse por las administraciones públicas, sus entidades dependientes o entidades sin ánimo de lucro con fines sociales vinculados a la vivienda, para garantizar el acceso a las mismas a personas en situaciones de vulnerabilidad o en exclusión social, en régimen de alquiler, derecho de superficie u otras modalidades de tenencia temporal admitidas por la legislación aplicable.

Las viviendas dotacionales públicas, junto con el resto de la vivienda social, formará parte del parque público de vivienda que se regula específicamente en el título III, y que estará sujeto a limitaciones para asegurar su pervivencia y su destino como instrumento al servicio de las políticas de vivienda.

La ley establece varios mecanismos para ampliar la oferta de vivienda social: se permitirá que se califique como uso compatible de los suelos dotacionales, el uso de vivienda dotacional pública; se podrá obtener suelo para vivienda dotacional o social con cargo a actuaciones de trasformación urbanística y, además, se garantiza que se construya vivienda dotacional en los suelos procedentes del cumplimiento del deber previsto en la letra b) del apartado 1 del artículo 18 del texto refundido de la Ley de Suelo y Rehabilitación Urbana, aprobado por Real Decreto Legislativo 7/2015, de 30 de octubre. Para ello se impide que, en los municipios donde exista desajuste entre la oferta y la demanda de vivienda habitual, pueda sustituirse la entrega de este suelo por otras formas de cumplimiento del deber o que se pueda destinar a otros usos de interés social distintos al anterior.

En segundo lugar, dentro de la vivienda protegida se define la vivienda de precio limitado como aquella que está sujeta a limitaciones administrativas en los precios de venta y/o alquiler, por un plazo de tiempo determinado. La vivienda protegida de precio limitado estará destinada a diferentes regímenes de tenencia y su volumen y características en cuanto a superficies y precios estará condicionado en todo caso a la demanda y necesidades de los hogares en su ámbito territorial.

La vivienda protegida de precio limitado podrá ejecutarse, al igual que las otras modalidades de vivienda protegida, sobre las reservas de suelo para vivienda sujeta a algún régimen de protección pública que prevé la letra b) del apartado 1 del artículo 20, del texto refundido de la Ley de Suelo y Rehabilitación Urbana, aprobado por Real Decreto Legislativo 7/2015, de 30 de octubre, en cuyo caso deberán mantener dicha condición de forma permanente en tanto que se mantenga el destino de ese suelo. Si bien, la vivienda de precio limitado también podrá desarrollarse sobre suelos calificados con el uso de vivienda libre.

En todo caso, la ley garantiza que la vivienda protegida, ya sea social o de precio limitado, no pueda descalificarse, salvo en el supuesto de viviendas promovidas sobre suelos cuya calificación urbanística no imponga dicho destino y que no cuenten con ayudas públicas para su promoción, o en aquellos casos que excepcionalmente se justifique de acuerdo con la normativa autonómica, no pudiendo ser en tales supuestos excepcionales, el periodo de calificación inferior a treinta años. En el resto de los supuestos en los que la calificación urbanística del suelo imponga dicho destino, ésta no podrá modificarse como tampoco podrán descalificarse las viviendas sobre dichos suelos.

Pero también es importante destacar la introducción del concepto de vivienda asequible incentivada, como figura necesaria para incrementar la oferta a corto plazo. Se trata de un novedoso concepto que se suma a la vivienda protegida como mecanismo efectivo para incrementar la oferta de vivienda a precios asequibles, considerándose como aquella vivienda de titularidad privada, incluidas las entidades del tercer sector y de la economía social, a cuyo titular la Administración competente otorga beneficios de carácter urbanístico, fiscal, o de cualquier otro tipo, a cambio de destinarlas a residencia habitual en régimen de alquiler a precios reducidos, o de cualquier otra fórmula de tenencia temporal, de personas cuyo nivel de ingresos no les permite acceder a una vivienda a precio de mercado. De esta forma, se busca la implicación de todos los agentes públicos, privados y tercer sector en la búsqueda de soluciones de los problemas de oferta de vivienda y la orientación a tal fin del parque de vivienda existente, vinculando siempre los beneficios públicos que se asignen a estas viviendas a las limitaciones de uso, temporales y de precios máximos que, en cada caso, determine la Administración competente.

Se incluye también dentro del título II la declaración de zonas de mercado residencial tensionado, que podrán efectuar las Administraciones competentes en materia de vivienda a los efectos de orientar las actuaciones públicas en materia de vivienda en aquellos ámbitos territoriales en los que exista un especial riesgo de oferta insuficiente de vivienda para la población, en condiciones que la hagan asequible para su acceso en el mercado, estableciéndose unas reglas procedimentales para su declaración a los efectos de la legislación estatal. Como principal efecto de la declaración de estos ámbitos tensionados es la redacción de un plan específico que propondrá las medidas necesarias para la corrección de los desequilibrios observados.

En todo caso, debe destacarse que el objetivo común de las distintas administraciones públicas para dotar a la ciudadanía de una vivienda digna y adecuada hace necesario establecer los mecanismos y órganos de colaboración y cooperación para garantizar su participación y eficiencia en la consecución de la garantía constitucional, sin renunciar al ámbito competencial correspondiente. Particularmente, el Estado se dota de los planes estatales en materia de vivienda y de los diferentes programas en materia de rehabilitación, regeneración y renovación urbana y rural, cuyo contenido no se encuentra únicamente circunscrito a las ayudas públicas, sino que establece un conjunto de objetivos, líneas de acción, medidas y programas que, sobre un ámbito temporal plurianual, deben marcar periódicamente la política del Estado en estas materias.

En estos planes serán prioritarias, entre otras actuaciones estatales, aquellas que fomenten la utilización adecuada y la ocupación racional y eficiente del patrimonio residencial; la conservación, el mantenimiento y la rehabilitación de las viviendas que constituyan residencia habitual y que tengan por objeto el cumplimiento de los requisitos de habitabilidad previstos en la ley así como las que contribuyan a mejorar la eficiencia energética, promuevan la utilización de energías renovables y la accesibilidad universal del parque edificado, favoreciendo en todo caso un incremento de la oferta de vivienda asequible de las máximas prestaciones, que van más allá del cumplimiento de los requisitos de los edificios de consumo de energía casi nulo (EECN), en el contexto de lo previsto en el Componente 2 «Implementación de la Agenda Urbana española: Plan de rehabilitación y regeneración urbana» del Plan de Recuperación, Transformación y Resiliencia de España, siendo prioritarias las actuaciones vinculadas con la creación, ampliación y gestión de los parques públicos de vivienda; la construcción y rehabilitación de viviendas sometidas a algún régimen de protección pública, así como aquellas que promuevan la aplicación de tipologías edificatorias que respondan a las necesidades propias de las distintas etapas de la vida de las personas y los hogares, así como a las actuales necesidades sociales y composición de las unidades de convivencia.

Por último, se establece el Consejo Asesor de Vivienda, como un órgano consultivo para las políticas estatales de vivienda, cuya creación deberá ser objeto de desarrollo reglamentario y que asegurará la participación de los distintos agentes sociales en la elaboración y desarrollo de la política de vivienda.

En el título III se establece la regulación del régimen jurídico básico de los parques públicos de vivienda, una de las apuestas más significativas de esta ley. Dichos parques públicos, casi inexistentes en España si se comparan con la media de la Unión Europea, son fundamentales para garantizar el acceso a una vivienda digna y adecuada a amplios grupos sociales y para poder paliar los efectos de los graves desajustes del mercado. Según las últimas estimaciones del Observatorio de Vivienda y Suelo del Ministerio de Transportes, Movilidad y Agenda Urbana, se puede señalar que en España existe un parque de vivienda social, considerando como tal, exclusivamente, la vivienda en alquiler de titularidad pública, situado en el entorno de las 290.000 viviendas. De las cuales, unas 180.000 son de titularidad de las comunidades autónomas y entidades dependientes, y otras 110.000 viviendas son de titularidad de los ayuntamientos y entidades dependientes. Este parque de 290.000 viviendas sociales apenas ofrece cobertura a un 1,6 % de los 18,6 millones de hogares que habitan en España, lo que contrasta con los porcentajes sensiblemente superiores al 15 % registrados en algunos de los principales países de nuestro entorno, como Francia, Reino Unido, Suecia, Países Bajos, Austria o Dinamarca, considerando el total del parque de vivienda social.

Esta insuficiencia de los parques públicos de vivienda explica, en buena medida, las extraordinarias dificultades de amplias capas de la población para disponer de una vivienda que se adapte a sus necesidades y a sus capacidades económicas. Tal es el caso, por ejemplo, de las personas jóvenes que tienen que retrasar la edad de emancipación por sus dificultades para la incorporación al mercado de trabajo y el acceso a la vivienda. De hecho, la edad media de emancipación en nuestro país ha sufrido un importante retroceso con motivo de la crisis económica, situándose en 2020, según los últimos datos de Eurostat, en 29,8 años, muy por encima de la media de la Unión Europea, que se sitúa en los 26,4 años. Merecen también especial consideración las personas que a consecuencia de la crisis económica o en el contexto de la crisis sanitaria derivada de la pandemia, han perdido la vivienda que habitaban; los hogares monoparentales, en notable aumento; los de personas mayores, especialmente mujeres; con bajos ingresos; las personas sin hogar y todos aquellos colectivos que no pueden satisfacer su necesidad de vivienda en las condiciones del mercado. A estas circunstancias se ha unido en el pasado la venta de parte de dichas viviendas públicas en determinados lugares de España a fondos de inversión, reduciendo el ya de por sí menguado parque de vivienda social existente en nuestro país.

En este contexto, la ley apuesta por unos parques públicos que se nutrirán del desarrollo urbanístico y edificatorio de suelos de titularidad pública, para lo que pueden contar con fórmulas de colaboración público-privada. Pero también integrarán el parque público las viviendas sociales adquiridas por las Administraciones Públicas en ejercicio de los derechos de tanteo y retracto, en casos de ejecución hipotecaria o dación en pago de vivienda habitual de colectivos en situación de vulnerabilidad o en exclusión social o cualquier otra vivienda social adquirida por las Administraciones públicas con competencias en materia de vivienda, o cedida a las mismas, que sea susceptible de destinarse a los fines del parque público de vivienda.

De esta forma, la ley evita que vuelvan a repetirse indebidas enajenaciones del parque público de vivienda, y se establece un patrimonio separado en el que los ingresos obtenidos deberán destinarse siempre a la creación, ampliación, rehabilitación o mejora de los parques públicos de vivienda. La ley establece que los ingresos procedentes de las sanciones que pudieran imponerse por el incumplimiento de la función social de la propiedad de la vivienda, así como los ingresos procedentes de la enajenación de los bienes patrimoniales del parque público de vivienda deberán tener como único destino el de sufragar las políticas públicas de vivienda, en los términos y condiciones establecidas.

El título IV se centra en el refuerzo de la protección en las operaciones de compra o alquiler de vivienda, estableciendo una serie de garantías y obligaciones de información a la que tienen derecho las personas o entidades adquirentes o arrendatarias de vivienda, y una serie de responsabilidades derivadas de su incumplimiento, ya se trate del vendedor o del intermediario en la operación inmobiliaria. En particular, se establece como derecho de las personas demandantes, adquirientes o arrendatarias de vivienda, el de recibir información en formato accesible, que sea completa, objetiva, veraz, clara, comprensible y accesible, que asegure el pleno conocimiento de las condiciones de la vivienda objeto de la operación. Asimismo, se establecen determinados requisitos básicos de los agentes inmobiliarios y de la información o publicidad a los que deben sujetarse los operadores.

En el mismo título IV se recoge, sin perjuicio de los principios y requerimientos contenidos en la normativa autonómica de aplicación y con carácter mínimo, la información que la persona interesada en la compra o arrendamiento de una vivienda que se encuentre en oferta puede requerir, antes de la formalización de la operación y de la entrega de cualquier cantidad a cuenta.

El título IV se cierra con una serie de medidas encaminadas a la mejora de la información y el compromiso con la transparencia en materia de vivienda, con objeto de asegurar el adecuado funcionamiento del mercado de la vivienda y el acceso a la información, en determinados ámbitos que son estratégicos para la definición de las bases y coordinación de la planificación general de la actividad económica.

Entre estos ámbitos destaca la vivienda pública. Una materia sobre la que instituciones como el Defensor del Pueblo han manifestado de forma expresa la necesidad de avanzar en información y transparencia y en la que existe en España un importante déficit. En este contexto, se establece la obligación de elaborar y mantener actualizado un inventario del parque público de vivienda y una memoria anual en la que se especifiquen las acciones adoptadas para reforzar dicho parque y acomodarlo a la demanda existente y, en particular, por parte de las personas y hogares con menores recursos.

Asimismo, se incluyen otros ámbitos en los que se establecen objetivos y acciones de mejora de la información y la transparencia, a través de la sede electrónica prevista en el artículo 38 de la Ley 40/2015, de 1 de octubre, de Régimen Jurídico del Sector Público. Entre ellos figura la cuantificación de las inversiones anuales en los principales programas de política de vivienda, la aproximación a la vivienda deshabitada o vacía en el ámbito territorial, la caracterización de la demanda de vivienda, necesaria para orientar las principales medidas en materia de política económica y fiscal, así como el suelo público disponible para vivienda, especificando aquel que forma parte del patrimonio público de suelo, en virtud del deber legal de cesión establecido en la legislación estatal de suelo.

Finaliza la ley con seis disposiciones adicionales, cuatro disposiciones transitorias, una disposición derogatoria y nueve disposiciones finales.

A través de la disposición adicional primera se establece la creación de una base de datos de contratos de arrendamiento de vivienda, que estará vinculada a los actuales registros autonómicos de fianzas de las comunidades autónomas, al Registro de la Propiedad y otras fuentes de información de ámbito estatal, autonómico o local, con el objeto de incrementar la información disponible para el seguimiento de las medidas, reforzando la coordinación con las comunidades autónomas en materia de intercambio de información sobre la vivienda en alquiler, y estableciendo un proceso específico de colaboración con las comunidades autónomas que hayan avanzado en la conformación de sistemas de referencia de precios del alquiler en sus respectivos ámbitos territoriales.

Por su parte, la disposición adicional segunda refuerza la política de vivienda como prioridad en la gestión patrimonial del Estado y, de un modo especial, en aquellos ámbitos que hayan sido declarados como zonas de mercado residencial tensionado, en los que es preciso movilizar todo el suelo que potencialmente pueda ser destinado a usos residenciales para hacer frente a la escasez de oferta asequible que caracteriza dichos entornos.

En la disposición adicional tercera se establece la previsión de un proceso de revisión de los criterios para la identificación de zonas de mercado residencial tensionado, para adecuarlos a la realidad y evolución del mercado residencial, que tendrá lugar a los tres años desde la entrada en vigor de la ley, sobre la base de la cooperación con las Administraciones competentes en materia de vivienda.

La disposición adicional cuarta regula la aplicación de los recursos de los planes estatales en materia de vivienda en los trámites de intermediación y conciliación previos a la presentación de la demanda, introducidos en la modificación de la Ley 1/2000, de 7 de enero, de Enjuiciamiento Civil, que se recoge en la disposición final quinta de la ley.

En la disposición adicional quinta se establece la constitución de un grupo de trabajo para la mejora de la regulación de los contratos de arrendamiento de uso distinto del de vivienda y, en particular, de los contratos de arrendamiento celebrados por temporada.

En cuanto a la disposición adicional sexta, por su particular relevancia en el ámbito de la vivienda, se regulan determinados aspectos de la actividad de los administradores de fincas, teniendo en cuenta que es un colectivo profesional de gran importancia para asegurar la garantía y protección de los derechos de los consumidores.

El régimen transitorio de la ley incluye cuatro disposiciones transitorias. La disposición transitoria primera establece que las viviendas que estuvieran calificadas definitivamente con algún régimen de protección pública a la entrada en vigor de la ley, se regirán por lo dispuesto en dicho régimen y, en cuanto a las viviendas que formen parte del parque público de vivienda, establece que se regirán por lo dispuesto en la ley y en las disposiciones de la legislación en materia de vivienda, urbanismo y ordenación del territorio que los regulen.

La disposición transitoria segunda introduce una serie de objetivos en relación con el parque de vivienda destinado a políticas sociales, que operará en defecto de marcos temporales y metas específicas definidas por parte de las administraciones territoriales competentes. En particular, se marca el objetivo de alcanzar el 20 por ciento de vivienda destinada a políticas sociales en aquellos municipios en los que se hayan declarado zonas de mercado residencial tensionado, así como unas obligaciones de evaluación anual del grado de consecución de los objetivos y metas establecidas.

Por su parte, en la disposición transitoria tercera, se establece la sujeción de los procedimientos suspendidos en virtud de los artículos 1 y 1 bis del Real Decreto-ley 11/2020, de 31 de marzo, por el que se adoptan medidas urgentes complementarias en el ámbito social y económico para hacer frente al COVID-19 al procedimiento de conciliación o intermediación previsto en la modificación de la Ley 1/2000, de 7 de enero, de Enjuiciamiento Civil, que se recoge en la disposición final quinta de la ley.

En cuanto a la disposición transitoria cuarta, recoge el régimen de los contratos de arrendamiento celebrados con anterioridad a la entrada en vigor de la ley, y especifica la continuidad de la vigencia de las medidas de aplicación extraordinaria a los contratos vigentes de arrendamiento de vivienda y, en particular, la recogida en el artículo 46 del Real Decreto-ley 6/2022, de 29 de marzo, por el que se adoptan medidas urgentes en el marco del Plan Nacional de respuesta a las consecuencias económicas y sociales de la guerra en Ucrania.

En cuanto a la disposición derogatoria única recoge la derogación a la entrada en vigor de la ley de cuantas disposiciones de igual o inferior rango se opongan a lo dispuesto en ella.

En relación con las disposiciones finales, en la disposición final primera, se establece un mecanismo de carácter excepcional y acotado en el tiempo, que pueda intervenir en el mercado para amortiguar las situaciones de tensión y conceder a las administraciones competentes el tiempo necesario para poder compensar en su caso el déficit de oferta o corregir con otras políticas de vivienda las carencias de las zonas declaradas de mercado residencial tensionado. Para ello, se modifica la Ley 29/1994, de 24 de noviembre, de Arrendamientos Urbanos, estableciendo para las viviendas arrendadas, la posibilidad de que el arrendatario pueda acogerse a la finalización del contrato a una prórroga extraordinaria, de carácter anual, y por un periodo máximo de tres años, en los mismos términos y condiciones del contrato en vigor y, en los nuevos contratos de arrendamiento de viviendas que hubiesen estado arrendadas, a nuevos inquilinos, se plantea la limitación del alquiler en estas zonas, con carácter general a la renta del contrato anterior, aplicada la cláusula de actualización anual de la renta del contrato anterior, permitiendo ciertos incrementos adicionales máximos en determinados supuestos establecidos en la ley.

Asimismo, en estas zonas de mercado residencial tensionado, cuando el propietario sea un gran tenedor, o en el caso de viviendas que no hubiesen estado arrendadas como vivienda habitual en los últimos cinco años cuando ello se justifique en la declaración de la zona, no podrá exceder del límite máximo del precio aplicable conforme al sistema de índices de precios de referencia, cuya aplicación se define a través de una nueva disposición transitoria que se introduce en la Ley 29/1994, de 24 de noviembre, de Arrendamientos Urbanos.

En la misma disposición final primera se introducen también determinadas mejoras en la regulación de los contratos de arrendamiento de vivienda a través de diferentes modificaciones de la Ley 29/1994, de 24 de noviembre, de Arrendamientos Urbanos. Entre ellas, se puede destacar la introducción de una prórroga extraordinaria de un año al término del contrato, que podrá solicitarse en situaciones acreditadas de vulnerabilidad social y económica cuando el arrendador sea un gran tenedor de vivienda, así como el establecimiento de la obligación de que los gastos de gestión inmobiliaria y los de formalización del contrato sean a cargo del arrendador.

Finalmente, la disposición final primera, con objeto de evitar incrementos desproporcionados en las actualizaciones anuales de los contratos de alquiler de vivienda, a través de la introducción de una nueva disposición adicional en la Ley 29/1994, de 24 de noviembre, de Arrendamientos Urbanos, encomienda al Instituto Nacional de Estadística la definición, antes de la finalización del año 2024, de un nuevo índice de referencia para la actualización anual de los contratos de arrendamiento de vivienda.

La disposición final segunda recoge una serie de incentivos fiscales aplicables en el Impuesto sobre la Renta de las Personas Físicas, IRPF, a los arrendamientos de inmuebles destinados a vivienda. En particular, se establece una mejora de la regulación del IRPF para estimular el alquiler de vivienda habitual a precios asequibles, a través de la modulación de la actual reducción del 60 por ciento en el rendimiento neto del alquiler de vivienda, estableciendo que, en los nuevos contratos de arrendamiento, el porcentaje de reducción será del 50 %, que podrá incrementarse hasta el 90 por ciento, en el caso de que se firmen nuevos contratos de arrendamiento de vivienda en zonas de mercado residencial tensionado con una reducción de al menos un 5 por ciento sobre el contrato anterior. Esta reducción podrá alcanzar el 70 por ciento cuando se trate de la incorporación al mercado de viviendas destinadas al alquiler en zonas de mercado residencial tensionado y se alquilen a jóvenes de entre 18 y 35 años en dichas áreas, o bien, se trate de vivienda asequible incentivada o protegida, arrendada a la administración pública o entidades del tercer sector o de la economía social que tengan la condición de entidades sin fines lucrativos, o acogida a algún programa público de vivienda que limite la renta del alquiler. Y, podrá alcanzar una reducción del 60 por ciento sobre el rendimiento neto cuando se hubiesen efectuado obras de rehabilitación en los dos años anteriores.

A través de la disposición final tercera se modula el recargo a los inmuebles de uso residencial desocupados con carácter permanente en el Impuesto sobre Bienes Inmuebles, IBI, que podrá aplicarse a aquellas viviendas vacías durante más de dos años, con un mínimo de cuatro viviendas por propietario, salvo causas justificadas de desocupación temporal, tasadas por la ley. Asimismo, se establece el incremento del recargo actualmente situado en el 50 por ciento de la cuota líquida del IBI hasta un máximo del 150 por ciento, en función de la duración de la desocupación y del número de viviendas también desocupadas que sean del mismo titular en el término municipal, con el objetivo de que tenga un mayor efecto en la optimización del uso del parque edificatorio residencial y refuerce el instrumento de los Ayuntamientos para hacer frente a situaciones de vivienda desocupada a través de la fiscalidad.

Por su parte, la disposición final cuarta modifica el texto refundido de la Ley de Suelo y Rehabilitación Urbana, aprobado por Real Decreto Legislativo 7/2015, de 30 de octubre, incrementando el porcentaje de reserva de suelo destinado a vivienda protegida del 30 al 40 por ciento de la edificabilidad residencial prevista por la ordenación urbanística en el suelo rural que vaya a ser incluido en actuaciones de nueva urbanización, y del 10 al 20 por ciento en el caso de suelo urbanizado que deba someterse a actuaciones de reforma o renovación de la urbanización.

A través de la disposición final quinta se introducen importantes mejoras en la regulación del procedimiento de desahucio en situaciones de vulnerabilidad, a través de una modificación de la Ley 1/2000, de 7 de enero, de Enjuiciamiento Civil. Entre otros aspectos, se puede destacar la eliminación de la necesidad de consentimiento del interesado en el traslado a las Administraciones públicas competentes para comprobar su situación de vulnerabilidad en procedimientos de desahucio, se amplía el ámbito de protección cuando se identifiquen situaciones de vulnerabilidad, se introducen diferentes mejoras técnicas en la redacción y, de acuerdo con los estándares jurisprudenciales e internacionales, no se establece un sistema de suspensión automática por el Letrado de la Administración de Justicia si se acredita vulnerabilidad, sino un sistema de decisión por el tribunal previa valoración ponderada y proporcional del caso concreto, fijando un plazo de suspensión en dos meses para las personas físicas y cuatro meses para las personas jurídicas, incrementando los actuales plazos de uno y tres meses, respectivamente.

La disposición final quinta también introduce un procedimiento de conciliación o intermediación en los supuestos en los que la parte actora tenga la condición de gran tenedor de vivienda, el inmueble objeto de demanda constituya vivienda habitual de la persona ocupante y la misma se encuentre en situación de vulnerabilidad económica. La aplicación de este procedimiento facilitará a las Administraciones competentes dar adecuada atención a las personas y hogares afectados, ofreciendo respuesta a través de diferentes instrumentos de protección social y de los programas de política de vivienda.

En la disposición final sexta se extiende la limitación extraordinaria de la actualización anual de la renta de los contratos de arrendamiento de vivienda contenida en el artículo 46 del Real Decreto-ley 6/2022, de 29 de marzo, por el que se adoptan medidas urgentes en el marco del Plan Nacional de respuesta a las consecuencias económicas y sociales de la guerra en Ucrania. En concreto, se amplía temporalmente la medida estableciendo una limitación al 3 por ciento en la actualización anual de la renta de los contratos de arrendamiento de vivienda en el periodo comprendido entre el 1 de enero y el 31 de diciembre de 2024.

Asimismo, se establecen unos concretos parámetros de vulnerabilidad económica basados en criterios de carácter objetivo y, en el caso de ocupaciones de viviendas que hayan de sustanciarse en vía penal, se establece a través de una nueva disposición adicional que los Juzgados darán traslado de la situación a las Administraciones Públicas competentes, para la protección de personas dependientes, personas con discapacidad, víctimas de violencia sobre la mujer o personas menores de edad.

Por último, la disposición final séptima detalla los títulos competenciales que habilitan a la legislación estatal para asumir los contenidos diversos que conforman aquella, habilitando la disposición final octava el desarrollo reglamentario y estableciendo la disposición final novena la entrada en vigor de la norma.

IV

La ley se adecua a los principios de buena regulación previstos en el artículo 129 de la Ley 39/2015, de 1 de octubre, del Procedimiento Administrativo Común de las Administraciones Públicas.

De este modo, se cumple con el principio de necesidad y eficacia, plenamente justificado por la relevancia social y económica de los retos en materia de vivienda y la adecuación de las medidas y disposiciones contenidas en la ley dirigidas a abordarlos sobre la base de la necesaria cooperación interadministrativa. Igualmente, se da cumplimiento a los principios de seguridad jurídica, proporcionalidad y eficiencia, destacándose que las medidas que incorpora son congruentes con el ordenamiento jurídico e incorporan la mejor alternativa posible para la consecución de los objetivos anteriormente detallados, sin implicar los contenidos de la norma ningún tipo de carga administrativa.

En cuanto al principio de seguridad jurídica y de transparencia, la ley ha seguido en su tramitación los trámites de consulta pública previa, así como de audiencia e información pública, previstos en el artículo 26 de la Ley 50/1997, de 27 de noviembre, del Gobierno, si bien, tal principio se refuerza a través de la exposición clara y accesible de los motivos y de los objetivos de la norma, que se recogen en esta parte expositiva y en la preceptiva memoria de análisis de impacto normativo.

TÍTULO PRELIMINAR
Disposiciones generales

ART. 1. Objeto de la ley.

1. Esta ley tiene por objeto regular, en el ámbito de competencias del Estado, las condiciones básicas que garantizan la igualdad en el ejercicio de los derechos y en el cumplimiento de los deberes constitucionales relacionados con la vivienda y, en particular, el derecho a acceder a una vivienda digna y adecuada y al disfrute de la misma en condiciones asequibles, atendiendo al cumplimiento de lo dispuesto en los instrumentos internacionales ratificados por España y respetando en todo caso las competencias de las comunidades autónomas y, específicamente, las que tienen atribuidas en materia de vivienda.

2. Con objeto de asegurar el ejercicio del derecho a la vivienda, será asimismo objeto de esta ley la regulación del contenido básico del derecho de propiedad de la vivienda en relación con su función social, que incluye el deber de destinar la misma al uso habitacional previsto por el ordenamiento jurídico, en el marco de los instrumentos de ordenación territorial y urbanística, así como de mantener, conservar y rehabilitar la vivienda, atribuyendo a los poderes públicos la función de asegurar su adecuado cumplimiento, en el ámbito de sus respectivas competencias, a través de la aplicación de las medidas que legalmente procedan.

3. La ley también tiene por objeto reforzar la protección del acceso a información completa, objetiva, veraz, clara, comprensible y accesible, en las operaciones de compra y arrendamiento de vivienda.

ART. 2. Fines de las políticas públicas de vivienda.

Constituyen fines comunes de la acción de los poderes públicos en materia de vivienda, en el ámbito de sus respectivas competencias:

a) La efectividad de los derechos de acceso en condiciones asequibles a una vivienda digna y adecuada de acuerdo con la Constitución Española y las recomendaciones de los instrumentos internacionales ratificados por España.

b) Promover el uso y disfrute efectivo de la vivienda, en virtud del régimen legal de tenencia, así como su mantenimiento, conservación y, en su caso, rehabilitación y mejora.

c) Asegurar la habitabilidad de las viviendas, entendida como el conjunto de los requisitos mínimos de calidad, funcionalidad y accesibilidad universal que, atendiendo a la normativa aplicable, deben cumplir las mismas para garantizar la dignidad y la salud de las personas, para satisfacer sus necesidades de habitación en las diferentes etapas de su vida, con especial atención a las necesidades de los menores, para quienes la vivienda constituye además un espacio fundamental de desarrollo, seguridad y cobijo, y como base para el efectivo ejercicio de derechos y libertades.

d) Fomentar la colaboración interadministrativa, favoreciendo la coherencia y la transparencia en las actuaciones públicas de política de vivienda, así como la coordinación con las restantes políticas sectoriales, y garantizar la participación de la ciudadanía y de las entidades representativas de la sociedad civil en el ámbito de la vivienda.

e) Proteger la estabilidad y la seguridad jurídica en la propiedad, uso y disfrute de la vivienda, con especial atención a las personas y hogares en situación o riesgo de vulnerabilidad, y específicamente a familias, hogares y unidades de convivencia con menores a cargo, a través de medidas efectivas en materia de vivienda y asegurando la debida coordinación con medidas complementarias de atención social, formación, empleo y otras acciones de acompañamiento.

f) Favorecer el desarrollo, gestión y mantenimiento de los parques públicos de vivienda para asegurar una oferta significativa y estable de viviendas dignas y adecuadas a los sectores sociales con mayores dificultades de acceso a una vivienda en el mercado, mediante la necesaria inversión en cada ejercicio presupuestario y atendiendo a las características y necesidades de todos los ámbitos territoriales, afectados por diferentes dinámicas de crecimiento o de pérdida de población.

g) Impulsar la rehabilitación y mejora de las viviendas existentes, tanto en el parque privado como en los públicos, a través de programas y medidas en materia de sostenibilidad, eficiencia energética y utilización de energías renovables, habitabilidad, accesibilidad universal, conservación, mejora de la seguridad de utilización y digitalización, favoreciendo enfoques integrales y contemplando de forma específica las características de la vivienda en el medio rural.

h) Impulsar y fomentar la existencia de una oferta suficiente y adecuada de vivienda en alquiler a precios asequibles, con especial atención a las personas jóvenes y hogares en situación o riesgo de vulnerabilidad, habilitando mecanismos efectivos de regulación y uso del suelo, y desarrollando medidas e instrumentos de programación y planificación que permitan atender las necesidades reales de los demandantes y favorezcan la cohesión social y territorial.

i) Apoyar la existencia de parques sociales de vivienda de entidades del tercer sector, que sean complementarios a los parques públicos de vivienda y amplíen la oferta de alojamiento y vivienda destinada a colectivos y hogares vulnerables, con especial atención a familias, hogares y unidades de convivencia con menores a cargo.

j) Lograr la máxima eficiencia en la gestión de los recursos disponibles para favorecer el acceso a una vivienda digna y adecuada, fomentando, en su caso, las fórmulas de colaboración público-privada.

k) Proteger los derechos básicos y los intereses legítimos en las operaciones de compra y arrendamiento de vivienda, delimitando las responsabilidades y asegurando el acceso a información suficiente y adecuada.

l) Eliminar cualquier tipo de discriminación, por cualquier razón, en el acceso a una vivienda y el disfrute de la misma, asegurando la integración, inclusión y cohesión social y territorial en las actuaciones y medidas de política de vivienda.

m) Impulsar la accesibilidad universal en el parque de vivienda, asegurando su efectividad en las nuevas viviendas y adoptando medidas para solventar las necesidades sobrevenidas en el parque de vivienda preexistente.

n) Adoptar medidas para identificar y prevenir la retención especulativa, la segregación residencial, los procesos de sobreocupación, la exclusión residencial grave como el chabolismo o el sinhogarismo y la degradación de las condiciones del parque de viviendas existente y de su entorno, para permitir el desarrollo de su función residencial y la mejora de la calidad de vida.

ñ) Garantizar la igualdad, desde la perspectiva de género, edad, capacidad y perspectiva territorial, en todas las políticas y acciones en materia de vivienda, a todos los niveles, y en todas sus fases de planificación, ejecución y evaluación.

o) Controlar y garantizar el uso responsable de recursos públicos suficientes, para cumplir los objetivos de la política de vivienda por parte de las Administraciones competentes y aplicar, en la gestión del parque público, criterios de corresponsabilidad de sus ocupantes.

p) Priorizar la atención e información a familias, hogares y unidades de convivencia con menores a cargo que, por encontrarse en situación de pobreza, exclusión social u otras formas de vulnerabilidad, deben ser objeto de especial protección.

q) Contribuir en la aplicación de las políticas de vivienda a la corrección de los desequilibrios territoriales, tanto en ámbitos urbanos y metropolitanos como en entornos rurales, que pueden estar más afectados por fenómenos de despoblación.

r) Fomentar la transparencia y garantizar la participación en el desarrollo de las políticas públicas de vivienda de los agentes que intervienen en el mercado inmobiliario, particularmente de los promotores sociales de vivienda, de las asociaciones ciudadanas de defensa del derecho a la vivienda, de las asociaciones de arrendatarios y de propietarios, de administradores de fincas y de los agentes inmobiliarios.

s) Potenciar la economía social, impulsando la participación de las entidades de carácter social y asistencial en el ámbito de la vivienda.

ART. 3. Definiciones.

A los efectos de lo dispuesto en esta ley, y en tanto no entren en contradicción con las reguladas por las administraciones competentes en materia de vivienda, en cuyo caso, y a los efectos de su regulación, prevalecerán aquéllas, se establecen las siguientes definiciones:

a) Vivienda: edificio o parte de un edificio de carácter privativo y con destino a residencia y habitación de las personas, que reúne las condiciones mínimas de habitabilidad exigidas legalmente, pudiendo disponer de acceso a espacios y servicios comunes del edificio en el que se ubica, todo ello de conformidad con la legislación aplicable y con la ordenación urbanística y territorial.

b) Infravivienda: la edificación, o parte de ella, destinada a vivienda, que no reúne las condiciones mínimas exigidas de conformidad con la legislación aplicable. En todo caso, se entenderá que no reúnen dichas condiciones las viviendas que incumplan los requisitos de superficie, número, dimensión y características de las piezas habitables, las que presenten deficiencias graves en sus dotaciones e instalaciones básicas y las que no cumplan los requisitos mínimos de seguridad, accesibilidad universal y habitabilidad exigibles a la edificación.

c) Vivienda digna y adecuada: la vivienda que, por razón de su tamaño, ubicación, condiciones de habitabilidad, accesibilidad universal, eficiencia energética y utilización de energías renovables y demás características de la misma, y con acceso a las redes de suministros básicos, responde a las necesidades de residencia de la persona o unidad de convivencia en condiciones asequibles conforme al esfuerzo financiero, constituyendo su domicilio, morada u hogar en el que poder vivir dignamente, con salvaguarda de su intimidad, y disfrutar de las relaciones familiares o sociales, favoreciendo el pleno desarrollo y la inclusión social de las personas.

d) Condiciones asequibles conforme al esfuerzo financiero: aquellas condiciones de precio de venta o alquiler que eviten un esfuerzo financiero excesivo de los hogares teniendo en cuenta sus ingresos netos y sus características particulares, considerando, tanto la cuota hipotecaria o la renta arrendaticia, como los gastos y suministros básicos que corresponda satisfacer al propietario hipotecado o al arrendatario, no debiendo superar con carácter general el 30 por ciento de los ingresos de la unidad de convivencia.

e) Gastos y suministros básicos: el importe del coste de los suministros energéticos (de electricidad, gas, gasoil, entre otros), agua corriente, de los servicios de telecomunicación, y las posibles contribuciones a la comunidad de propietarios, todos ellos de la vivienda habitual.

f) Vivienda protegida: la vivienda sometida a un régimen especial para destinarla a residencia habitual de personas con dificultades de acceso al mercado de vivienda, tanto en ámbitos urbanos y metropolitanos, como en el medio rural. A los efectos de esta ley, se establecen las siguientes modalidades: vivienda social, o vivienda de precio limitado.

1.º Vivienda social: la vivienda de titularidad pública destinada al alquiler, cesión o cualquier otra fórmula de tenencia temporal sujeta a limitaciones de renta o de venta y destinada a personas u hogares con dificultades para acceder a una vivienda en el mercado. También será considerada vivienda social aquella cuyo suelo sea de titularidad pública sobre el que se haya constituido derecho de superficie, concesión administrativa o negocio jurídico equivalente.

La vivienda social podrá desarrollarse sobre terrenos calificados urbanísticamente como dotacionales públicos o estar comprendida en edificaciones o locales destinados a equipamientos de titularidad pública y afectos al servicio público.

La vivienda social podrá gestionarse de manera directa por las administraciones públicas o entidades dependientes, por entidades sin ánimo de lucro con fines sociales vinculados a la vivienda, o a través de fórmulas de colaboración público-privada, que sean compatibles con el carácter de la misma.

Podrá tener la consideración de vivienda social de emergencia aquella vivienda social que esté destinada a atender situaciones de emergencia, ofreciendo solución habitacional a corto plazo y de forma temporal, con carácter universal y hasta que se provea de una vivienda alternativa permanente, a personas y familias en situación de pérdida o imposibilidad para acceder a una vivienda adecuada, independientemente de las condiciones documentales y administrativas de las personas afectadas.

2.º Vivienda protegida de precio limitado: la vivienda de titularidad pública o privada, excluida la social o dotacional pública, sujeta a limitaciones de precios de renta y todos los demás requisitos que se establezcan legal o reglamentariamente y destinada a satisfacer la necesidad de vivienda permanente de personas u hogares que tengan dificultades de acceder a la vivienda en el mercado. La vivienda de precio limitado será calificada como tal con arreglo al procedimiento establecido por la Administración Pública competente.

g) Vivienda asequible incentivada: a los efectos de lo dispuesto en esta ley, se considerará como aquella vivienda de titularidad privada, incluidas las entidades del tercer sector y de la economía social, a cuyo titular la Administración competente otorga beneficios de carácter urbanístico, fiscal, o de cualquier otro tipo, a cambio de destinarlas a residencia habitual en régimen de alquiler, o de cualquier otra fórmula de tenencia temporal, de personas cuyo nivel de ingresos no les permite acceder a una vivienda a precio de mercado. Los beneficios públicos que se asignen a estas viviendas estarán vinculados a las limitaciones de uso, temporales y de precios máximos que, en cada caso, determine la Administración competente.

h) Parque de vivienda y alojamiento del tercer sector: el conjunto de inmuebles de titularidad o gestionados por entidades sin ánimo de lucro con fines sociales vinculados a la vivienda, destinados a satisfacer la necesidad de vivienda o alojamiento de personas u hogares en situación de vulnerabilidad o en riesgo de exclusión social, o proveer vivienda asequible a amplias capas de la sociedad.

i) Residencia habitual: la vivienda que constituye el domicilio permanente de la persona que la ocupa y que puede acreditarse a través de los datos obrantes en el padrón municipal u otros medios válidos en derecho.

j) Residencia secundaria: toda aquella vivienda que se utiliza por su propietario para estancias temporales o intermitentes, y que no constituye su residencia habitual.

k) Gran tenedor: a los efectos de lo establecido en esta ley, la persona física o jurídica que sea titular de más de diez inmuebles urbanos de uso residencial o una superficie construida de más de 1.500 m^2 de uso residencial, excluyendo en todo caso garajes y trasteros. Esta definición podrá ser particularizada en la declaración de entornos de mercado residencial tensionado hasta aquellos titulares de cinco o más inmuebles urbanos de uso residencial ubicados en dicho ámbito, cuando así sea motivado por la comunidad autónoma en la correspondiente memoria justificativa.

l) Sinhogarismo: circunstancia vital que afecta a una persona, familia o unidad de convivencia que no puede acceder de manera sostenida a una vivienda digna y adecuada en un entorno comunitario y aboca a las personas, familias o unidades de convivencia que lo sufren a residir en la vía pública u otros espacios públicos inadecuados, o utilizar alternativas de alojamiento colectivo institucionalizado de las diferentes administraciones públicas o de entidades sin ánimo de lucro, o residir en una vivienda inadecuada, temporal o no, inapropiada o masificada, en una vivienda insegura, sin título legal, o con notificación de abandono de la misma, o viviendo bajo amenaza de violencia.

Podrá calificarse como sinhogarismo cronificado, cuando la situación de sinhogarismo continúe o se produzca a lo largo de un periodo de tiempo igual o superior a un año.

ART. 4. Servicios de interés general.

1. A los efectos de la orientación de la financiación pública, tienen la consideración de servicios de interés general, como elementos clave de la cohesión económica, social y territorial, los determinados por las administraciones competentes en la materia, y en el ámbito de competencia estatal o de colaboración del Estado con las demás administraciones:

a) El desarrollo de las actuaciones necesarias para la creación, ampliación, conservación y mejora del parque público de vivienda, por parte de las Administraciones públicas competentes y sus entes instrumentales o dependientes, así como su gestión para asegurar su utilización efectiva en condiciones asequibles, tal y como se definen en el artículo anterior o en la normativa autonómica correspondiente.

b) Las actividades, públicas o privadas, cuyo fin sea la construcción o rehabilitación de viviendas sometidas a algún régimen de protección pública que fije un precio máximo de venta y alquiler, con destino a las personas u hogares que reúnan los requisitos preestablecidos en base a criterios objetivos que definan su situación económica y social.

c) El desarrollo de las actuaciones necesarias por parte de las Administraciones públicas competentes y sus entes instrumentales o dependientes, encaminadas a promover la mejora de las condiciones de habitabilidad, de accesibilidad o de eficiencia energética de los edificios de viviendas, de titularidad pública y privada.

2. Los servicios de interés general indicados en el apartado anterior podrán ser ejecutados de manera directa por las Administraciones públicas o sus entes instrumentales o dependientes, o bien, podrán realizarse a través de acuerdos con los propietarios, con las entidades legalmente constituidas del tercer sector y de la economía social, o a través de diferentes fórmulas de colaboración público-privada, en cumplimiento del marco legal vigente atendiendo a la naturaleza de la colaboración.

ART. 5. Acción pública.

1. Los actos y disposiciones dictados en aplicación del título II, del título III y del capítulo II del título IV de esta ley podrán impugnarse, además de por quienes estén legitimados para ello, en los términos previstos en la Ley 39/2015, de 1 de octubre,

del Procedimiento Administrativo Común de las Administraciones Públicas, y en la Ley 29/1998, de 13 de julio, reguladora de la Jurisdicción Contencioso-administrativa, por las personas jurídicas sin ánimo de lucro que, mediante el ejercicio de esta acción, defiendan intereses generales vinculados con la protección de la vivienda. Dicho ejercicio no podrá ser contrario a la buena fe, ni constituir un abuso de derecho.

2. A efectos de lo establecido en el artículo 31 de la Ley 29/1998, de 13 de julio, reguladora de la Jurisdicción Contencioso-administrativa, el ejercicio de esta acción no podrá en ningún caso comprender una pretensión de reconocimiento y restablecimiento de una situación jurídica individualizada, salvo que quien ejercite la acción sea quien esté legitimado por ostentar un derecho o interés legítimo afectado. La renuncia o el desistimiento de la misma, ya sea en vía administrativa, ya en vía contencioso-administrativa, no podrá implicar contrapartidas económicas.

ART. 6. Principio de igualdad y no discriminación en la vivienda.

1. En virtud del principio de igualdad y no discriminación en la vivienda, todas las personas tienen derecho al uso y disfrute de una vivienda digna y adecuada, cumpliendo con los requerimientos legales y contractuales establecidos en la legislación y normativa vigente, sin sufrir discriminación, exclusión, acoso o violencia de ningún tipo.

2. Las Administraciones competentes deberán garantizar el cumplimiento de lo previsto en el apartado 1, adoptando las medidas de protección necesarias para prevenir y hacer frente, de manera específica a las siguientes situaciones que afectan al uso y disfrute de la vivienda:

a) La discriminación directa, que se produce cuando una persona o grupo de personas recibe, en algún aspecto relacionado con la vivienda, un trato diferente del recibido por otra persona en una situación análoga, siempre que la diferencia de trato no tenga una causa legítima que la justifique objetiva y razonablemente, y los medios utilizados sean proporcionados, adecuados y necesarios.

b) La discriminación indirecta, que se produce cuando una disposición normativa, un plan, una cláusula convencional o contractual, un pacto individual, una decisión unilateral, un criterio o una práctica, aparentemente neutros, producen una desventaja particular para una persona o grupo de personas respecto de otras en el ejercicio del derecho a la vivienda. No existe discriminación indirecta si la actuación tiene una finalidad legítima que la justifica objetiva y razonablemente y los medios utilizados para alcanzar esta finalidad son proporcionados, adecuados y necesarios.

c) El acoso inmobiliario, entendido como toda acción u omisión con abuso de derecho con el objetivo de perturbar a cualquier persona en el uso pacífico de su vivienda y crearle un entorno hostil, ya sea en el aspecto material, personal o social, con la finalidad última de forzarla a adoptar una decisión no deseada sobre el derecho que le ampara de uso y disfrute de la vivienda.

d) Las operaciones de venta, arrendamiento o cesión por cualquier título, completa o parcial, para residencia de una infravivienda, una vivienda sobreocupada y cualquier forma de alojamiento ilegal, o respecto a bienes sobre los que no se ostente un derecho legítimo que faculte al efecto o la representación del mismo.

TÍTULO I
Función social y régimen jurídico de la vivienda

ART. 7. Principios rectores de la garantía de la función social de la vivienda.

1. Atendiendo a la delimitación que del derecho a una vivienda digna y adecuada efectúa el artículo 47 de la Constitución Española, y considerando que la vivienda cumple una función social dado que constituye un bien destinado a satisfacer las necesidades básicas de alojamiento de las personas, familias y unidades de convivencia, corresponde a las administraciones públicas competentes velar por promover las condiciones necesarias para garantizar el ejercicio efectivo de dicho derecho en condiciones asequibles y con especial atención a familias, hogares y unidades de convivencia con menores a cargo, a través del estatuto de derechos y deberes asociados a la vivienda, en los términos dispuestos en la presente ley.

2. Para el cumplimiento de lo previsto en el apartado anterior, los poderes públicos, en el ámbito de sus respectivas competencias, deben articular los mecanismos efectivos para asegurar su debida protección, conservación, rehabilitación y mejora, en los términos dispuestos por esta ley y de acuerdo con la legislación y normativa vigente en materia de vivienda.

CAPÍTULO I
Estatuto básico del ciudadano

ART. 8. Derechos del ciudadano en relación con la vivienda.

Todos los ciudadanos tienen derecho a:

a) Disfrutar de una vivienda digna y adecuada, en los términos dispuestos por esta ley, ya sea en régimen de propiedad, de arrendamiento, de cesión de uso, o de cualquier otro régimen legal de tenencia.

b) Acceder a la información de que dispongan las Administraciones públicas sobre los programas públicos de vivienda y a las condiciones de acceso a los mismos en formatos accesibles para personas con discapacidad, así como sobre las prestaciones, ayudas y recursos públicos disponibles para garantizar el acceso a la vivienda por parte de las personas y familias en situación de vulnerabilidad.

c) Solicitar la inscripción en los registros de demandantes de vivienda protegida constituidos al efecto por las Administraciones públicas competentes en la materia, y en los diferentes programas, prestaciones, ayudas y recursos públicos para el acceso a la vivienda, en función de su situación social y económica, así como de sus circunstancias personales y familiares.

d) Participar en los programas públicos de vivienda, y acceder a las prestaciones, ayudas y recursos públicos en materia de vivienda en los términos y condiciones establecidos en su normativa reguladora.

ART. 9. Deberes del ciudadano en relación con la vivienda.

Todos los ciudadanos tienen el deber de:

a) Respetar y contribuir a preservar el parque de vivienda, evitando la realización de cualquier actividad molesta o insalubre, que sea perturbadora del ejercicio del derecho de uso y disfrute señalado en el artículo anterior.

b) En relación con la vivienda que se habita, realizar las actuaciones de conservación, reparación o mejora que correspondan de acuerdo con el régimen legal de tenencia en virtud del cual se dispone de la misma.

c) En relación con la vivienda ajena, a disposición de otras personas, hogares, o entidades públicas y privadas, respetar la pacífica tenencia de la misma y abstenerse de la realización de cualquier tipo de actividad que la impida o dificulte.

d) En relación con las operaciones de compra o alquiler de vivienda, cumplir los deberes legalmente establecidos para el transmitente o intermediario definidos en el título IV y demás normativa aplicable en dichas operaciones.

e) En relación con el parque público de vivienda, atender a su especial importancia como instrumento de acción en favor del derecho a la vivienda y velar por su adecuado mantenimiento y conservación, para que pueda servir a los hogares con mayores dificultades.

CAPÍTULO II

Régimen jurídico básico del derecho de propiedad de la vivienda

ART. 10. Contenido del derecho de propiedad de la vivienda: facultades.

1. Además de los derechos reconocidos en la legislación estatal de suelo en función de la situación básica de los terrenos en los que se sitúe la vivienda, de conformidad con la legislación en materia de ordenación territorial y urbanística de aplicación, el derecho de propiedad de la vivienda comprende:

a) Las facultades de uso, disfrute y disposición de la misma conforme a su calificación, estado y características objetivas, de acuerdo con la legislación en materia de vivienda y la demás que resulte de aplicación.

b) El derecho de consulta a las Administraciones competentes, sobre la situación urbanística de la vivienda y del edificio en que se ubica.

c) La realización de las obras de conservación, rehabilitación, accesibilidad universal, ampliación o mejora, de conformidad con las condiciones establecidas por la Administración competente y, en su caso, el título habilitante de tales actuaciones, cuando éste sea legalmente exigible.

2. Corresponde a las Administraciones competentes en materia de vivienda velar por el pleno ejercicio de los derechos de la propiedad de vivienda, actuando de manera concertada y coordinada en la promoción de las acciones previstas en

la legislación y en los planes y programas aplicables para favorecer el acceso a la vivienda. A tales efectos, podrán adoptarse y ejecutarse cuantas medidas prevea la legislación en la materia y, en particular, las siguientes:

a) Ayudas y subvenciones públicas.

b) Incentivos fiscales.

c) Gestión directa por parte de las Administraciones Públicas o sus entes instrumentales, o en colaboración con terceros, de los parques públicos de vivienda.

d) Colaboración con entidades del tercer sector cuyos fines de carácter social estén vinculados con la vivienda, para facilitar la gestión de viviendas pertenecientes a los parques públicos, así como la gestión de su propio parque de vivienda social.

e) Fomento de la iniciativa privada mediante convenios con los titulares de viviendas para su cesión a las Administraciones públicas competentes u otras fórmulas para favorecer el incremento de la oferta de alquiler social o a precio asequible.

f) Acciones de fomento de la intermediación en el mercado del arrendamiento de viviendas para propiciar su efectiva ocupación.

ART. 11. Contenido del derecho de propiedad de la vivienda: deberes y cargas.

1. Además de los deberes establecidos en la legislación estatal de suelo en función de la situación básica de los terrenos en los que se sitúe la vivienda, de conformidad con la legislación en materia de ordenación territorial y urbanística de aplicación, el derecho de propiedad de la vivienda queda delimitado por su función social y comprende los siguientes deberes:

a) Uso y disfrute propios y efectivos de la vivienda conforme a su calificación, estado y características objetivas, de acuerdo con la legislación en materia de vivienda y la demás que resulte de aplicación, garantizando en todo caso la función social de la propiedad.

b) Mantenimiento, conservación y, en su caso, rehabilitación de la vivienda en los términos de esta ley, de la legislación de ordenación territorial, urbanística y de vivienda, y de los instrumentos aprobados a su amparo.

c) Evitar la sobreocupación o el arrendamiento para usos y actividades que incumplan los requisitos y condiciones de habitabilidad legalmente exigidos.

d) En las operaciones de venta o arrendamiento de la vivienda, cumplir las obligaciones de información establecidas en la normativa aplicable y en el título IV de esta ley.

e) En caso de que la vivienda se ubique en una zona de mercado residencial tensionado, cumplir las obligaciones de colaboración con la Administración competente y suministro de información en los términos establecidos en el título II de esta ley.

2. Corresponde a las Administraciones competentes en materia de vivienda la declaración del incumplimiento de los deberes asociados a la propiedad de la vivienda, habilitando a adoptar, de oficio o a instancia de parte y previa audiencia, en todo caso, del obligado, cuantas medidas prevea la legislación de ordenación territorial y urbanística y la de vivienda.

TÍTULO II
Acción de los poderes públicos en materia de vivienda

CAPÍTULO I
Principios generales de la actuación pública en materia de vivienda

ART. 12. Acción del Estado en materia de vivienda, rehabilitación, regeneración y renovación urbana.

1. Con el objetivo de promover el ejercicio efectivo del derecho de todos los ciudadanos al disfrute de una vivienda digna y adecuada, y en el ámbito de sus competencias, el Estado llevará a cabo la planificación necesaria con su correspondiente financiación con el fin de facilitar el ejercicio efectivo del derecho a la vivienda, así como para favorecer la conservación y mejora del parque residencial y de su entorno construido, prestando especial atención a aquellos colectivos, personas y familias con mayores dificultades de acceso o que puedan encontrarse en riesgo de exclusión residencial y con especial atención a aquellas familias, hogares y unidades de convivencia con menores a cargo.

2. El Estado, en aplicación del principio de cooperación, podrá colaborar, de acuerdo con su propia planificación, en la financiación de los planes que se aprueben por las comunidades autónomas y las ciudades de Ceuta y Melilla en materia de vivienda, rehabilitación, regeneración y renovación urbana, y propondrá, en el seno de la Conferencia Sectorial, sus propias líneas estratégicas, planes y medidas que promuevan dicha igualdad y fortalezcan el equilibrio territorial, estableciendo los oportunos indicadores de seguimiento y evaluación.

3. La acción del Estado en esta materia, en el ámbito de sus competencias, deberá priorizar la atención y la aplicación de los programas de ayuda a aquellas personas, familias y unidades de convivencia que se encuentren en las situaciones de mayor vulnerabilidad social y económica identificadas por los servicios sociales, y en emergencia habitacional por estar afectados por procedimientos de desahucio o lanzamiento de su vivienda habitual, debiéndose promover su adecuado realojo y el acceso a una vivienda digna y adecuada, atendiendo a sus condiciones de vulnerabilidad social y económica, así como a sus circunstancias personales y familiares, reforzando para ello los mecanismos de cooperación con las administraciones territoriales competentes.

4. La colaboración del Estado en estas competencias deberá considerar el necesario enfoque territorial de las políticas en materia de vivienda, rehabilitación, regeneración y renovación, adoptando medidas para atender las necesidades de vivienda tanto en los entornos urbanos y metropolitanos como en el medio rural, en municipios que puedan estar afectados por la despoblación, promoviendo programas específicos con viviendas de alquiler social, asequibles y adecuadas a cada contexto social, económico y territorial.

ART. 13. Compromiso por la accesibilidad universal en el parque de vivienda.

1. El Estado, en el ámbito de sus competencias o en colaboración con las demás administraciones, articulará medidas para garantizar la accesibilidad universal de

los parques de vivienda, favoreciendo la adaptación de los mismos a las necesidades funcionales de sus residentes o personas destinatarias, con especial atención a la discapacidad sobrevenida por razones de edad, por accidente, enfermedad adquirida u otras causas, y a las familias, hogares y unidades de convivencia con menores a cargo, atendiendo a las necesidades específicas de la vivienda en zonas rurales.

2. A fin de hacer efectivo el derecho de las personas con discapacidad y de aquellas que por razón de su edad avanzada necesiten una vivienda accesible, así como para atender adecuadamente el derecho de los menores que formen parte de un núcleo familiar o de unidad de convivencia, en toda vivienda de nueva construcción y en aquellas objeto de intervención que requiera proyecto según lo previsto en el artículo 2.2 de la Ley 38/1999, de 5 de noviembre, de Ordenación de la Edificación, se garantizará el cumplimiento de las condiciones de accesibilidad y el cumplimiento de la normativa en materia de accesibilidad y, en el caso de viviendas preexistentes a la vigencia de la referida normativa, se promoverá la aplicación de medidas de adecuación efectiva, aplicando programas de ayuda a tal fin, que se sumen a la aplicación de los fondos de reserva de las comunidades de propietarios.

ART. 14. Situaciones de especial vulnerabilidad.

1. Las políticas en materia de vivienda tendrán especialmente en cuenta a las personas, familias y unidades de convivencia que viven en asentamientos y barrios altamente vulnerables y segregados, ya sea tanto en entornos urbanos como en zonas rurales, a las personas sin hogar, a las personas con discapacidad, a los menores en riesgo de pobreza o exclusión social, a los menores tutelados que dejen de serlo y a cualesquiera otras personas vulnerables que se definan en el momento de la actuación.

2. Para ello, las Administraciones competentes en materia de vivienda podrán identificar dentro de su ámbito territorial, las zonas que precisen actuaciones de regeneración y renovación urbana para avanzar en la erradicación de situaciones de infravivienda, a través de acciones integradas que prevengan y reparen la exclusión social y residencial de la población residente.

3. De manera complementaria, con objeto de luchar contra el fenómeno del sinhogarismo, corresponde a las Administraciones competentes, de acuerdo con lo previsto en su marco normativo, la programación de medidas específicas para afrontarlo, promoviendo en su ámbito territorial el acceso a soluciones habitacionales de alojamiento en condiciones adecuadas por parte de las personas en situación de sinhogarismo y la plena inclusión de las personas sin hogar desde una perspectiva integrada e intersectorial, y posibilitando una adecuada complementariedad entre las distintas políticas, recursos y servicios, especialmente en el ámbito sanitario, social, educativo y de empleo.

ART. 15. Derecho de acceso a la vivienda y ordenación territorial y urbanística.

1. Para asegurar la efectividad de las condiciones básicas de igualdad en el ejercicio de los pertinentes derechos establecidos por esta ley, y en el marco de lo dispuesto

en el texto refundido de la Ley de Suelo y Rehabilitación Urbana aprobado por Real Decreto Legislativo 7/2015, de 30 de octubre, se establecen los siguientes criterios básicos en el ámbito de la ordenación territorial y urbanística:

a) Con la finalidad de ampliar la oferta de vivienda social o dotacional, los instrumentos de ordenación territorial y urbanística:

1.º Podrán establecer como uso compatible de los suelos dotacionales, el destinado a la construcción de viviendas dotacionales públicas.

2.º Podrán establecer la obtención de suelo con destino a vivienda social o dotacional, con cargo a las actuaciones de transformación urbanística que prevean los instrumentos correspondientes, cuando así lo establezca la legislación de ordenación territorial y urbanística y en las condiciones por ella fijadas.

b) Con la finalidad de adaptar la vivienda a la demanda y facilitar el acceso a una vivienda digna y adecuada, la ordenación territorial y urbanística promoverá la aplicación de tipologías edificatorias y de modalidades de viviendas y alojamientos que se adapten a las diferentes formas de convivencia, habitación y a las exigencias del ciclo de vida de los hogares, atendiendo, en su caso, a la casuística del medio rural. Estas actuaciones podrán ser, tanto de transformación urbanística como edificatorias, de acuerdo con el artículo 7 del texto refundido de la Ley de Suelo y Rehabilitación urbana, aprobado por Real Decreto Legislativo 7/2015, de 30 de octubre.

c) La calificación de un suelo como de reserva para vivienda sujeta a un régimen de protección pública, a que se refiere la letra b) del apartado 1 del artículo 20, del texto refundido de la Ley de Suelo y Rehabilitación Urbana, aprobado por Real Decreto Legislativo 7/2015, de 30 de octubre, no podrá modificarse, salvo en los casos excepcionales en los que el instrumento de ordenación urbanística justifique la innecesariedad de este tipo de viviendas o la imposibilidad sobrevenida de dicho destino, con independencia de que puedan modificarse las condiciones o características de la vivienda protegida para atender a la demanda y necesidades del ámbito territorial.

d) La legislación sobre ordenación territorial o urbanística establecerá, para el suelo de reserva para vivienda sujeta a algún régimen de protección pública, recogido en la letra b) del apartado 1 del artículo 20, del texto refundido de la Ley de Suelo y Rehabilitación Urbana, aprobado por Real Decreto Legislativo 7/2015, de 30 de octubre, el porcentaje que deberá ser destinado a vivienda sujeta a algún régimen de protección pública de alquiler. Este porcentaje no podrá ser inferior al 50 %, salvo en casos excepcionales en los que el instrumento de ordenación urbanística lo justifique, atendiendo a las características de las personas demandantes de vivienda u otras circunstancias de la realidad económica y social.

e) Con la finalidad de garantizar el derecho de acceso a la vivienda en los municipios en los que se hayan declarado uno o más ámbitos como zonas de mercado residencial tensionado, de acuerdo con el procedimiento establecido en el artículo 18.2 de esta ley, el suelo obtenido en cumplimiento del deber regulado por la letra b) del apartado 1 del artículo 18 del texto refundido de la Ley de Suelo y Rehabilitación Urbana, aprobado por Real Decreto Legislativo 7/2015, de 30 de octubre, deberá destinarse necesariamente a la construcción y gestión de viviendas sociales o dotacionales, y no podrá sustituirse por ningún otro uso público o de interés social ni por otras formas de cumplimiento del deber, salvo que se acredite la necesidad de destinarlo a otros usos de interés social.

2. En las actuaciones de reforma o renovación de la urbanización en suelo urbanizado establecidas en el artículo 7 del texto refundido de la Ley de Suelo y Reha-

bilitación Urbana, aprobado por Real Decreto Legislativo 7/2015, de 30 de octubre, que afecten a entornos residenciales, se buscarán fórmulas que aseguren la cohesión territorial y atiendan a la realidad social y económica de los hogares residentes, en los términos establecidos por la legislación sobre ordenación territorial y urbanística de las administraciones competentes.

3. En la regulación de los usos en entornos residenciales en el medio urbano, la legislación sobre ordenación territorial y urbanística establecerá instrumentos efectivos para asegurar el equilibrio, preservar la calidad de vida y el acceso a la vivienda, y asegurar el cumplimiento del principio de desarrollo territorial y urbano sostenible recogido en el artículo 3 del texto refundido de la Ley de Suelo y Rehabilitación Urbana, aprobado por Real Decreto Legislativo 7/2015, de 30 de octubre.

4. Para el desarrollo efectivo de las actuaciones referidas en el apartado 2, las Comunidades Autónomas y los Ayuntamientos podrán acordar justificadamente, de oficio o a petición de interesado, la aplicación del procedimiento de tramitación de urgencia en los instrumentos de planeamiento urbanístico que prevea expresamente la legislación de ordenación territorial y urbanística que corresponda.

ART. 16. Vivienda protegida.

1. Sin perjuicio de las condiciones y requisitos establecidos por la legislación y normativa de ámbito autonómico o municipal, que tendrán en todo caso carácter prevalente, la vivienda protegida se regirá por los siguientes principios:

a) La vivienda debe destinarse exclusivamente a residencia habitual y estar ocupada durante los períodos de tiempo establecidos como mínimos en la legislación y normativa de aplicación.

b) La adjudicación de la vivienda deberá seguir un procedimiento que asegure la transparencia, con sujeción a criterios objetivos que aseguren la pública concurrencia y den prioridad a las personas o grupos de personas demandantes que se encuentren inscritas en los registros públicos que se constituyan por parte de las Administraciones públicas con competencias en materia de vivienda, teniendo en cuenta el orden establecido en los mencionados registros públicos.

c) Las personas adjudicatarias de viviendas protegidas no podrán:

1.º Ser titulares del pleno dominio o de un derecho real de uso o disfrute de ninguna otra vivienda, salvo inadecuación sobrevenida de la vivienda que ocupen a sus circunstancias personales o familiares u otras circunstancias objetivas debidamente acreditadas.

2.º Superar el nivel de ingresos máximo, en función de las características de la unidad de convivencia, que haya establecido la normativa reguladora.

d) Las viviendas protegidas que se promuevan sobre suelos cuyo destino sea el de viviendas sometidas a algún régimen de protección pública en cumplimiento de lo establecido por la letra b) del apartado 1 del artículo 20, del texto refundido de la Ley de Suelo y Rehabilitación Urbana, aprobado por Real Decreto Legislativo 7/2015, de 30 de octubre, estarán sometidas a un régimen de protección pública permanente que excluya la descalificación, en tanto se mantenga la calificación de dicho suelo.

En el resto de supuestos, las viviendas protegidas estarán sometidas a un régimen de protección pública permanente con las salvedades que excepcionalmente pueda prever la normativa autonómica en caso de que exista causa justificada debidamente motivada para su descalificación o para el establecimiento de un plazo de calificación con la fijación del número de años de esta, que como mínimo deberá ser de 30 años.

En tal supuesto, podrá establecerse la devolución de todas o parte de las ayudas percibidas en caso de enajenación de la vivienda con posterioridad a su descalificación, conforme se establezca en su normativa reguladora.

En todo caso, se considerará causa justificada a los efectos anteriores, la promoción de viviendas protegidas en suelos cuya calificación urbanística no impusiera dicho destino y no hubiesen contado con ayudas públicas para su promoción.

e) Su venta o alquiler estarán sujetos a la previa autorización de la Comunidad Autónoma mientras la vivienda siga sujeta al régimen de protección pública que corresponda y sólo podrá otorgarse tal autorización en favor de personas que cumplan los requisitos previstos en la normativa correspondiente para acceder a una vivienda protegida, cuando cumplan las siguientes condiciones:

1.º Se efectúe prioritariamente a favor de personas o grupos de personas demandantes inscritas en los registros públicos previstos al efecto por la normativa autonómica o municipal, teniendo en cuenta el orden establecido en los mencionados registros públicos.

2.º El precio de la venta o el alquiler no rebase el máximo establecido al efecto.

La Administración podrá ejercer, dentro del plazo no mayor al del máximo legal para el otorgamiento de la autorización, los derechos de tanteo o de adquisición preferente y dentro de otro plazo igual tras dicho otorgamiento, los derechos de retracto o de adquisición preferente que establezca, en su caso, la legislación autonómica aplicable.

2. Las Administraciones competentes podrán arbitrar los mecanismos necesarios para alcanzar las condiciones señaladas en el apartado anterior, pudiendo articularse a través de protocolos y convenios específicos con notarios y registradores de la propiedad.

ART. 17. Vivienda asequible incentivada.

1. Con objeto de incrementar la oferta de vivienda a precios adecuados a la situación económica de los hogares en cada entorno territorial, los poderes públicos, en el ámbito de sus respectivas competencias, podrán impulsar la existencia de viviendas asequibles incentivadas, que estarán sujetas, con carácter orientativo y sin perjuicio de lo que establezcan al respecto las administraciones competentes, a las siguientes reglas:

a) Sometimiento de la vivienda a limitaciones específicas de destino durante un tiempo determinado y a unos límites máximos de precios de alquiler, que serán proporcionales y ajustados a los beneficios públicos que obtenga, sean urbanísticos, fiscales, o de cualquier otro carácter, determinadas por la Administración que los otorgue.

b) Destino de la vivienda exclusivamente a residencia habitual de la persona arrendataria, que tenga dificultades para acceder a una vivienda a precios de mercado, de acuerdo con los criterios que fije la Administración competente.

c) Innecesariedad de sujeción de la vivienda al procedimiento formal de calificación como vivienda protegida. Sin embargo, sí estará sujeta a las reglas procedimentales que determine la Administración competente para garantizar el cumplimiento de las condiciones señaladas en este artículo.

2. Las viviendas asequibles incentivadas podrán ser de nueva promoción o bien tratarse de viviendas ya existentes, siempre que en cualquier caso cumplan los requisitos legalmente establecidos, que aseguren la adecuación y calidad de las mismas, contribuyendo a favorecer la cohesión social.

3. En zonas rurales sujetas a fenómenos de pérdida de población, la vivienda asequible incentivada podrá acompañar el desarrollo de estrategias de dinamización social y económica, así como la creación de empleo y actividad en tales zonas.

4. Los instrumentos de ordenación urbanística podrán promover la puesta en el mercado de viviendas en régimen de alquiler durante períodos de tiempo determinados y a precios asequibles permitiendo incrementos de edificabilidad o densidad o la asignación de nuevos usos a una vivienda o a un edificio de viviendas, incluidos en ámbitos delimitados al efecto.

ART. 18. Declaración de zonas de mercado residencial tensionado.

1. Las Administraciones competentes en materia de vivienda podrán declarar, de acuerdo con los criterios y procedimientos establecidos en su normativa reguladora y en el ámbito de sus respectivas competencias, zonas de mercado residencial tensionado a los efectos de orientar las actuaciones públicas en materia de vivienda en aquellos ámbitos territoriales en los que exista un especial riesgo de oferta insuficiente de vivienda para la población, en condiciones que la hagan asequible para su acceso en el mercado, de acuerdo con las diferentes necesidades territoriales.

2. Sin perjuicio de lo anterior, y a los efectos de la aplicación de las medidas específicas contempladas en esta ley, la declaración de zonas de mercado residencial tensionado deberá realizarse por la Administración competente en materia de vivienda de conformidad con las siguientes reglas:

a) La declaración deberá ir precedida de un procedimiento preparatorio dirigido a la obtención de información relacionada con la situación del mercado residencial en la zona, incluyendo los indicadores de los precios en alquiler y venta de diferentes tipos de viviendas y su evolución en el tiempo; los indicadores de nivel de renta disponible de los hogares residentes y su evolución en el tiempo que, junto con los precios de vivienda, permitan medir la evolución del esfuerzo económico que tienen que realizar los hogares para disponer de una vivienda digna y adecuada. A tal efecto, se podrá tener en cuenta en lo relativo a la distribución de los precios de venta, los ámbitos territoriales homogéneos de los mapas de valores de uso residencial que elabore la Dirección General del Catastro del Ministerio de Hacienda y Función Pública, en el marco de sus informes anuales del mercado inmobiliario, de conformidad con la disposición final tercera del texto refundido de la Ley del Catastro Inmobiliario, aprobado por Real Decreto Legislativo 1/2004, de 5 de marzo.

b) La declaración de un ámbito territorial como zona de mercado residencial tensionado implicará la realización de un trámite de información en el que deberá ponerse a disposición pública la información sobre la que se basa tal declaración, incluyendo los estudios de distribución espacial de la población y hogares, su estructura y dinámica, así como la zonificación por oferta, precios y tipos de viviendas, o cualquier otro estudio que permita evidenciar o prevenir desequilibrios y procesos de segregación socio espacial en detrimento de la cohesión social y territorial.

c) La resolución del procedimiento de delimitación por parte de la Administración competente en materia de vivienda deberá motivarse en deficiencias o insuficiencias del mercado de vivienda en la zona, en cualquiera de sus modalidades, para atender adecuadamente la demanda de vivienda habitual y, en todo caso, a precio razonable según la situación socioeconómica de la población residente y las dinámicas demográficas, así como las particularidades y características de cada ámbito territorial. La referida resolución deberá ser comunicada a la Secretaría General de Agenda Urbana y Vivienda del Ministerio de Transportes, Movilidad y Agenda Urbana.

d) La vigencia de la declaración de un ámbito territorial como zona de mercado residencial tensionado será de tres años, pudiendo prorrogarse anualmente siguiendo el mismo procedimiento, cuando subsistan las circunstancias que motivaron tal declaración y previa justificación de las medidas y acciones públicas adoptadas para revertir o mejorar la situación desde la anterior declaración. Para la aplicación de las medidas contenidas en esta ley, con carácter trimestral el Ministerio de Transportes, Movilidad y Agenda Urbana aprobará una resolución que recoja la relación de zonas de mercado residencial tensionado que hayan sido declaradas en virtud del procedimiento establecido en este artículo.

3. La declaración de una zona de mercado residencial tensionado establecida en el apartado anterior requerirá la elaboración de una memoria que justifique, a través de datos objetivos y fundamentada en la existencia de un especial riesgo de abastecimiento insuficiente de vivienda para la población residente, incluyendo las dinámicas de formación de nuevos hogares, en condiciones que la hagan asequible, por producirse una de las circunstancias siguientes:

a) Que la carga media del coste de la hipoteca o del alquiler en el presupuesto personal o de la unidad de convivencia, más los gastos y suministros básicos, supere el treinta por ciento de los ingresos medios o de la renta media de los hogares.

b) Que el precio de compra o alquiler de la vivienda haya experimentado en los cinco años anteriores a la declaración como área de mercado de vivienda tensionado, un porcentaje de crecimiento acumulado al menos tres puntos porcentuales superior al porcentaje de crecimiento acumulado del índice de precios de consumo de la comunidad autónoma correspondiente.

4. La declaración, de acuerdo con este procedimiento, de un ámbito territorial como zona de mercado residencial tensionado conllevará la redacción, por parte de la Administración competente, de un plan específico que propondrá las medidas necesarias para la corrección de los desequilibrios evidenciados en su declaración, así como su calendario de desarrollo.

5. El Departamento Ministerial competente en materia de vivienda, en el marco del ejercicio de las competencias estatales, podrá desarrollar, de acuerdo con la administración territorial competente, un programa específico para dichas zonas de mercado residencial tensionado, que contemplará la diversidad territorial, tanto en entornos urbanos o metropolitanos como en zonas rurales, que modificará o se anexará al plan estatal de vivienda vigente, y habilitará al Estado para:

a) Promover fórmulas de colaboración con las administraciones competentes y con el sector privado para estimular la oferta de vivienda asequible en dicho ámbito y en su entorno.

b) El diseño y adopción de medidas de financiación específicas para ese ámbito territorial que pudieran favorecer la contención o reducción de los precios de alquiler o venta.

c) El establecimiento de medidas o ayudas públicas específicas adicionales dentro del plan estatal de vivienda vigente, de acuerdo con las previsiones que en su caso éste establezca.

6. La aplicación del programa establecido en el apartado anterior podrá implicar la adopción de medidas en el seno de la Comisión de Coordinación Financiera de Actuaciones Inmobiliarias y Patrimoniales, encaminadas a favorecer el incremento de la oferta de vivienda social y asequible incentivada conforme a lo establecido en la disposición adicional segunda de esta ley.

ART. 19. Colaboración y suministro de información de los grandes tenedores en zonas de mercado residencial tensionado.

1. En desarrollo del servicio de interés general establecido en la presente ley, los grandes tenedores de vivienda tendrán la obligación de colaborar con las administraciones públicas competentes en materia de vivienda. A tal efecto, las Administraciones públicas competentes en materia de vivienda podrán exigir a los grandes tenedores de vivienda en las zonas de mercado residencial tensionado declaradas según lo previsto en el apartado 2 del artículo anterior, el cumplimiento de la obligación de colaboración y suministro de información sobre el uso y destino de las viviendas de su titularidad que se encuentren en tales zonas de mercado residencial tensionado.

2. A tal efecto, en la memoria que acompañe a la propuesta de declaración de zona de mercado residencial tensionado que se recoge en el apartado 3 del artículo anterior, se definirán los criterios para la consideración de gran tenedor de vivienda en la zona de mercado residencial tensionado, en función de su potencial influencia, por el volumen de inmuebles de uso residencial de su titularidad en el mercado de alquiler de dicha zona, que, sobre la base de la definición de gran tenedor recogida en el artículo 3 de esta ley, podrá incorporar criterios adicionales acordes a la realidad y características de la zona o atendiendo a la normativa específica de la Administración competente en materia de vivienda.

3. La información a aportar se referirá al año natural anterior, a requerimiento de las Administraciones Públicas competentes en materia de vivienda, debiendo comunicarse en un plazo máximo de tres meses desde el referido requerimiento, que incluirá, con respecto a las viviendas de titularidad del gran tenedor en la zona de mercado residencial tensionado, al menos, los siguientes datos:

a) Los datos identificativos de la vivienda y el edificio en que se ubica, incluyendo la dirección postal, año de construcción y, en su caso, año y tipo de reforma, superficie construida de uso privativo por usos, referencia catastral y calificación energética.

b) Régimen de utilización efectiva de la vivienda, en el contexto de los de usos previstos en los instrumentos de ordenación territorial y urbanística.

c) Justificación del cumplimiento de los deberes asociados a la propiedad de vivienda, establecidos en el artículo 11 de esta ley.

4. Considerando la información aportada de acuerdo con lo previsto en el apartado anterior, las Administraciones Públicas podrán establecer fórmulas de colaboración con los propietarios con objeto de favorecer el incremento de la oferta de alquiler asequible en la zona.

CAPÍTULO II
Colaboración y cooperación entre administraciones públicas en materia de vivienda

ART. 20. Colaboración entre las administraciones públicas en materia de vivienda.

1. Con el objetivo de cooperar en los fines de la política de vivienda, y especialmente en los servicios de interés general recogidos en el artículo 4 de esta ley o los recogidos en las normativas de las administraciones competentes, las administraciones públicas, sus organismos públicos y entidades vinculadas o dependientes desarrollarán los principios de colaboración y cooperación en materia de vivienda, rehabilitación, regeneración y renovación urbana, entre otros, en los siguientes ámbitos:

a) Compartiendo la información que cada administración o entidad disponga o elabore relativa a estas materias.

b) Mediante los Protocolos Generales de Actuación o convenios que se suscriban entre las partes para acordar ámbitos y compromisos específicos de actuación, ya sea en desarrollo de los planes estatales, los que se refieran a zonas declaradas como de mercado residencial tensionado, u otros que se acuerden entre las administraciones implicadas.

c) Mediante los acuerdos aprobados en el seno de los órganos de cooperación en este ámbito.

2. Los instrumentos administrativos de colaboración que se formalicen en materia de vivienda, rehabilitación, regeneración y renovación urbanas podrán tener una duración de hasta 80 años, cuando así lo requiera la ejecución de las actuaciones contenidas en el mismo, ya sea por su complejidad de gestión o por la naturaleza de lo conveniado entre las partes.

ART. 21. Órganos de Cooperación en materia de vivienda y suelo.

Se establecen los siguientes órganos de cooperación en materia de vivienda y suelo:

a) Conferencia Sectorial de Vivienda y Suelo: es el máximo órgano de cooperación de estas materias entre el Estado, las comunidades autónomas y las ciudades de Ceuta y Melilla. Se reunirá al menos una vez al año y será presidida por el titular del Ministerio de Transportes, Movilidad y Agenda Urbana.

b) Comisión Multilateral de Vivienda y Suelo: Será presidida por el titular de la Secretaría General de Agenda Urbana y Vivienda, y reunirá a los titulares de las Direcciones Generales competentes en estas materias. Se reunirá al menos una vez al año, y en ella se evaluará el cumplimiento de los acuerdos y directrices emanados de la Conferencia Sectorial, y se propondrán los asuntos que se acuerden elevar a ese Órgano.

c) Comisiones Bilaterales de Vivienda y Suelo: reunirán a las Direcciones Generales competentes del Estado y cada comunidad autónoma o ciudad de Ceuta y Melilla, con el objeto de hacer seguimiento, adoptar acuerdos, o establecer criterios de coordinación entre ambas administraciones.

ART. 22. Coordinación interministerial.

Corresponde al Ministerio de Transportes, Movilidad y Agenda Urbana, o Departamento Ministerial competente en materia de vivienda, la coordinación e impulso de las iniciativas que afecten a la vivienda, la rehabilitación, regeneración y renovación urbana y rural, en cooperación con otros Ministerios que pudieran abordar aspectos específicos relacionados con esas materias.

Corresponde igualmente a ese Departamento Ministerial la propuesta de estrategias o medidas relacionadas con estas materias al Consejo de Ministros, o a la Comisión Delegada del Gobierno para Asuntos Económicos.

CAPÍTULO III
Actuación del estado en materia de vivienda

ART. 23. Planificación y programación estatal en materia de vivienda.

1. La Administración General del Estado contribuirá, en colaboración con las demás Administraciones públicas en cualquiera de las formas admitidas por la legislación reguladora del régimen del sector público, a garantizar el derecho constitucional a disfrutar de una vivienda digna y adecuada mediante los instrumentos de política fiscal, económica, social y de planificación o de programación de su competencia, atendiendo a la realidad económica, financiera y social, en favor de la cohesión territorial y la lucha contra la despoblación.

2. Para cumplir con el objeto de la ley, los instrumentos de planificación y programación de la Administración General del Estado apoyarán a las Administraciones territoriales competentes en la ejecución de las políticas de vivienda que, previo análisis y determinación de las necesidades, aseguren la existencia de una oferta suficiente y adecuada de vivienda en condiciones asequibles, fomentando la utilización racional del suelo y propiciando la ocupación eficiente del parque residencial, y asegurando que tales instrumentos cuenten con una adecuada dotación presupuestaria.

Para ello, la planificación y programación de la Administración General del Estado, en el marco de la consecución de los fines establecidos en esta ley, favorecerá e impulsará de forma prioritaria:

a) La rehabilitación y la mejora de las viviendas existentes, así como la promoción de vivienda encaminada a la formación de parques públicos de vivienda.

b) La existencia de modalidades de vivienda que se adapten a las necesidades sociales.

c) La adecuada dotación de programas de ayuda específicamente dirigidos a las personas y hogares con mayores dificultades para acceder a una vivienda, con especial atención a las personas jóvenes y hogares sujetos a mayor vulnerabilidad, así como las familias, hogares y unidades de convivencia con menores a cargo.

ART. 24. Planes estatales en materia de vivienda y rehabilitación, regeneración y renovación urbana y rural.

1. Los instrumentos principales de actuación del Estado en política de vivienda serán los planes estatales en materia de vivienda y en materia de rehabilitación, regeneración y renovación urbana y rural. Estos planes, en coordinación con las demás estrategias estatales y con otras políticas públicas sectoriales, incluirán una planificación plurianual, que podrá estar vinculada a medidas relativas a la financiación, la fiscalidad, regulatorias, de apoyo a la puesta a disposición de vivienda a precios asequibles a través de fórmulas de colaboración público-privada que permitan crear un fondo de vivienda asequible o de cualquier otro tipo, que sean útiles para favorecer el acceso a la vivienda y mejorar la calidad del parque residencial y de su entorno construido y coadyuvar a la consecución de los objetivos de los planes.

2. Los planes estatales en materia de vivienda, rehabilitación, regeneración y renovación urbana y rural estarán formados por programas que promoverán y apoyarán de manera prioritaria las siguientes actuaciones:

a) Las que fomenten la ocupación racional y eficiente del patrimonio residencial.

b) La conservación, el mantenimiento, la rehabilitación y la mejora de las viviendas que estén destinadas o vayan a destinarse a residencia habitual, así como la regeneración y renovación de su entorno construido, favoreciendo enfoques integrales que garanticen la accesibilidad universal.

c) Las actuaciones necesarias para la creación, ampliación y gestión de los parques públicos de vivienda, tanto derivadas de la nueva construcción como de la rehabilitación, orientados prioritariamente a atender la necesidad de vivienda de las personas, familias y unidades de convivencia en situación de mayor vulnerabilidad social y económica.

d) La construcción y rehabilitación de viviendas sometidas a algún régimen de protección pública.

e) La promoción de nuevas modalidades de vivienda y de desarrollo urbano y rural que se adapten a las necesidades sociales, así como las actuaciones destinadas a favorecer el acceso de la ciudadanía a una vivienda sometida a algún régimen de protección pública, incluyendo instrumentos financieros que promuevan mecanismos público-privados.

f) Actuaciones encaminadas a favorecer el acceso a la vivienda por parte de jóvenes, así como a garantizar una vivienda digna y adecuada para personas en situación de mayor vulnerabilidad social, chabolismo, infravivienda o en emergencia habitacional.

En la identificación de las actuaciones anteriores deberá incorporarse una perspectiva territorial que permita establecer medidas específicas para atender las necesidades de los distintos entornos territoriales y, específicamente, las de los pequeños municipios afectados por procesos de envejecimiento o despoblación.

El desarrollo de las actuaciones previstas en las letras c) y f) podrán servir para atender a los trámites de intermediación y conciliación previos a la presentación de la demanda, así como a la atención a las personas y hogares sujetos a vulnerabilidad en los procedimientos recogidos en los artículos 439, 655 bis y 685 de la Ley 1/2000, de 7 de enero, de Enjuiciamiento Civil.

3. Con la finalidad de evitar la especulación, además de las limitaciones establecidas en esta ley para la vivienda protegida, los planes estatales podrán establecer en la aplicación de sus programas medidas para redistribuir socialmente el beneficio obtenido, en su caso, como consecuencia de la enajenación, dentro del límite temporal que dichos planes establezcan, de viviendas que hayan obtenido ayudas públicas para la realización de obras de rehabilitación, regeneración y renovación urbana o rural, ya sea mediante la devolución de las ayudas, u otras medidas que se establezcan.

4. Corresponde al Gobierno, oídas las comunidades autónomas en el seno de la Conferencia Sectorial de Vivienda y Suelo, la aprobación de los Planes que concreten y desarrollen la política económica estatal en materia de vivienda y que contengan las medidas que, en cada caso, se establezcan, de conformidad con lo dispuesto en los apartados anteriores. Estos Planes Estatales podrán contribuir a la financiación de los planes que se aprueben por parte de las comunidades autónomas o ciudades de Ceuta y Melilla, en los términos y condiciones que a tal efecto se establezcan, sin perjuicio y de manera complementaria a la financiación aplicada a tal efecto por las mismas.

5. Los planes estatales en materia de vivienda, rehabilitación, regeneración y renovación urbana y rural establecerán programas para promover el acceso al derecho a una vivienda digna y adecuada por parte de las personas, familias y unidades de convivencia más vulnerables, con objeto de promover en todo caso una solución de emergencia habitacional debida a la pérdida, amenaza de pérdida, vivienda inadecuada o ausencia de vivienda. Asimismo, deberán incorporar programas específicos para promover la oferta de vivienda suficiente y adecuada con objeto de revertir la dificultad en el acceso a la vivienda, especialmente, en las zonas declaradas como de mercado residencial tensionado de acuerdo con lo establecido en esta ley.

ART. 25. Colaboración público-privada y fondo de vivienda asequible.

1. El apoyo a la puesta a disposición de vivienda a precios asequibles a través de fórmulas de colaboración público-privada que permitan crear un fondo de vivienda asequible, referido en el artículo anterior, podrá llevarse a cabo a través de mecanismos de trabajo conjunto entre las Administraciones Públicas y las principales asociaciones de entidades privadas gestoras de vivienda y entidades del tercer sector, que posibiliten el cumplimiento de la función social de la vivienda.

2. Este tipo de mecanismos potenciará la conformación y ampliación de un fondo de vivienda asequible de titularidad privada a la vez que se avanza, en el marco de la colaboración con las Administraciones territoriales, en el fortalecimiento de los parques públicos de vivienda.

3. El objetivo del fondo de vivienda asequible será dotar de nuevos instrumentos a las Administraciones territoriales al servicio de las políticas públicas en materia de vivienda, generando un parque de vivienda asequible incentivada o vivienda social, especialmente en aquellos ámbitos en los que es necesario recuperar el

equilibrio entre la oferta y la demanda de vivienda en alquiler, contribuyendo a la moderación de los precios. A tal efecto, deberán considerarse las necesidades específicas de los distintos ámbitos territoriales, tanto en los ámbitos urbanos y metropolitanos como en los pequeños municipios de las áreas despobladas, y las características propias de cada mercado.

4. El fondo de vivienda asequible estará regulado a través de acuerdos específicos con las asociaciones de entidades privadas gestoras de vivienda en alquiler, entidades del tercer sector, o los principales operadores, que tendrán los siguientes objetivos específicos:

a) Dar respuesta y acompañamiento, en coordinación con los servicios sociales y entidades del tercer sector, a las personas y familias con menos recursos, evitando desahucios en situaciones de vulnerabilidad, y estableciendo protocolos de colaboración entre las Administraciones Públicas y las entidades privadas gestoras de vivienda.

b) Incrementar el parque de vivienda social y asequible, especialmente en zonas de mercado residencial tensionado.

c) Promover el compromiso de destinar un porcentaje mínimo de su parque a vivienda social o asequible.

En la definición de estos objetivos deberá incorporarse una perspectiva territorial, para atender las necesidades de los distintos entornos territoriales y, específicamente, las de los pequeños municipios afectados por procesos de envejecimiento o despoblación.

5. En el caso de que las administraciones competentes en materia de vivienda hayan establecido en su legislación un fondo de vivienda asequible, podrán acogerse a lo previsto en este artículo conjuntamente con lo previsto en su normativa propia.

ART. 26. Consejo Asesor de Vivienda.

1. Con la finalidad de asegurar la participación de los distintos agentes sociales en la elaboración y desarrollo de la política de vivienda, el Consejo Asesor de Vivienda será el órgano colegiado, de carácter técnico, asesor y consultivo del Ministerio de Transportes, Movilidad y Agenda Urbana en materia de programación estatal de la política de vivienda.

Este Consejo podrá estar integrado por representantes de los distintos Departamentos Ministeriales con competencias relacionadas con la vivienda, de asociaciones empresariales, de asociaciones y colegios profesionales, de entidades financieras, de asociaciones del tercer sector, de la economía social y de asociaciones representativas de intereses afectados por la ley. También podrán formar parte del Consejo distintos profesionales expertos en materia de vivienda, así como del ámbito universitario y de la investigación.

2. Reglamentariamente, se establecerá la creación del Consejo Asesor de Vivienda, definiendo su composición, atribuciones y funcionamiento.

TÍTULO III
Parques públicos de vivienda

ART. 27. Concepto, finalidad y financiación.

1. Los parques públicos de vivienda tienen por finalidad contribuir al buen funcionamiento del mercado de la vivienda y servir de instrumento a las distintas Administraciones públicas competentes en materia de vivienda para hacer efectivo el derecho a una vivienda digna y adecuada de los sectores de la población que tienen más dificultades de acceso en el mercado, con especial atención a personas jóvenes y colectivos sujetos a mayor vulnerabilidad.

A través de los planes estatales de vivienda y otras medidas complementarias adoptadas en el ámbito de las diferentes políticas públicas sectoriales, se incentivará la conservación, mejora y ampliación de los parques públicos de vivienda, estableciéndose para ello objetivos específicos en relación con el número de hogares de cada ámbito territorial, y otras variables territoriales, sociales y económicas.

Los parques públicos de vivienda, regulados específicamente por la legislación autonómica en materia de vivienda, urbanismo y ordenación del territorio, podrán estar integrados al menos por:

a) Las viviendas dotacionales públicas.

b) Las viviendas sociales y protegidas construidas sobre suelo de titularidad pública, así como las que lo hayan sido en ejercicio del derecho de superficie, usufructo o cesión de uso y para alquiler con opción a compra, durante el tiempo en el que no se active la correspondiente opción.

c) Las viviendas sociales adquiridas por las Administraciones Públicas en ejercicio de los derechos de tanteo y retracto, de conformidad con lo que disponga la legislación aplicable y las adquiridas a través de esos mismos derechos, en casos de ejecución hipotecaria o dación en pago de vivienda habitual de colectivos en situación de vulnerabilidad o en exclusión social, tal y como prevé la legislación autonómica.

d) Las viviendas sociales adquiridas por las Administraciones Públicas en actuaciones de regeneración o de renovación urbanas, incluyendo las integradas en complejos inmobiliarios, tanto de forma gratuita en virtud del cumplimiento de los deberes y cargas urbanísticos correspondientes, como onerosa.

e) Cualquier otra vivienda social adquirida por las Administraciones Públicas con competencias en materia de vivienda, o cedida a las mismas.

2. Con objeto de asegurar la financiación de la creación, ampliación, rehabilitación o mejora de los parques públicos de vivienda, podrán utilizarse las cantidades económicas correspondientes a las fianzas de los contratos de arrendamiento depositadas en los registros autonómicos correspondientes en virtud de lo dispuesto en la disposición adicional tercera de la Ley 29/1994, de 24 de noviembre, de Arrendamientos Urbanos, salvo la reserva obligatoria de garantía de devolución, y por parte de las Administraciones que tengan atribuida tal competencia de gestión de depósitos de fianza.

3. Los ingresos procedentes de las sanciones impuestas por el incumplimiento de la función social de la propiedad de la vivienda, así como los ingresos proceden-

tes de la gestión y, en su caso, enajenación de bienes patrimoniales que formen parte del parque público de vivienda deberán destinarse a la creación, ampliación, rehabilitación o mejora de los parques públicos de vivienda, en los términos establecidos en la legislación y normativa que los regule.

ART. 28. Criterios orientadores en la gestión de los parques públicos de vivienda.

1. Para la gestión de los parques públicos de vivienda y el cumplimiento de sus finalidades, las Administraciones Públicas competentes en materia de vivienda y sus entes adscritos o dependientes, de conformidad con lo dispuesto en su legislación y normativa de aplicación, y sin perjuicio de los criterios específicos que esta establezca, podrán:

a) Crear, ampliar y gestionar, directa o indirectamente y sobre los suelos de su titularidad, incluidos los obtenidos para dotaciones públicas, parques públicos de vivienda, llevando a cabo, cuando proceda, la urbanización de los terrenos de conformidad con la ordenación territorial y urbanística.

b) Otorgar derechos de superficie o concesiones administrativas a terceros para que edifiquen, rehabiliten y/o gestionen viviendas del parque público, siempre que quede garantizada la titularidad pública del suelo, mediante los correspondientes procedimientos que garanticen la transparencia y pública concurrencia en la concesión de estos derechos.

c) Asignar recursos públicos a entidades sin ánimo de lucro con la finalidad de hacer más eficiente y próxima la gestión de las viviendas de los parques públicos, siempre que dicha gestión quede reservada a tales entidades o a la Administración territorial o ente instrumental correspondiente y que la asignación se realice acorde con los objetivos de cobertura del derecho a la vivienda y de conformidad con la normativa reguladora.

d) Enajenar los bienes patrimoniales integrantes de los parques públicos de vivienda, mediante los procedimientos admitidos por la legislación aplicable, únicamente a otras Administraciones Públicas, sus entes instrumentales o a personas jurídicas sin ánimo de lucro, dedicadas a la gestión de vivienda con fines sociales, y mediante la obligación por parte del nuevo o nuevos titulares, de atenerse a las condiciones, plazos y rentas máximas establecidos, subrogándose en sus derechos y obligaciones.

2. En el desarrollo de las actuaciones previstas en el apartado anterior deberá prestarse especial atención a las particularidades de cada entorno territorial, con objeto de llevar a cabo el tipo de gestión y actuaciones más acordes a las características sociales, económicas y territoriales de la demanda.

ART. 29. Destino de los parques públicos de vivienda.

1. Las viviendas integrantes de los parques públicos de vivienda tienen como destino, de conformidad con lo dispuesto en la legislación específica y demás normativa de aplicación, la garantía del derecho de acceso a la vivienda de las personas y hogares con mayores dificultades para acceder a una vivienda en el

mercado, en razón de sus circunstancias sociales y económicas, atendiendo a factores específicos de vulnerabilidad como la presencia de menores de edad en el hogar o unidad de convivencia, así como a las características y particularidades del ámbito territorial.

2. La ocupación y el disfrute de las viviendas que formen parte de parques públicos pueden producirse, de acuerdo con la correspondiente legislación y normativa de aplicación, en régimen de alquiler, cesión de uso, o cualesquiera otras formas legales de tenencia temporal en las condiciones de renta y con los requisitos que establezcan las respectivas Administraciones públicas en función de la demanda existente, las condiciones socioeconómicas de las personas, familias y unidades de convivencia destinatarias y las características del mercado de vivienda, incorporando criterios de inclusión, cohesión social y asequibilidad.

3. Corresponde a las Administraciones Públicas competentes en materia de vivienda el desarrollo de sistemas de evaluación del cumplimiento de dichos requisitos de los parques públicos de vivienda de acuerdo con lo previsto en la legislación y normativa de aplicación, con el fin de garantizar el uso eficiente de los recursos públicos y la corresponsabilidad de los ocupantes de la vivienda.

TÍTULO IV
Medidas de protección y transparencia en las operaciones de compra y arrendamiento de vivienda

CAPÍTULO I
Régimen general de derechos e información básica

ART. 30. Principios básicos de los derechos, facultades y responsabilidades.

1. Son derechos de las personas demandantes, adquirentes o arrendatarias de vivienda, o en cualquier otro régimen jurídico de tenencia y disfrute:

a) Los reconocidos en el texto refundido de la Ley General para la Defensa de los Consumidores y Usuarios y otras leyes complementarias, aprobado por Real Decreto Legislativo 1/2007, de 16 de noviembre, y en la legislación autonómica aplicable.

b) El de recibir información, incluida la suministrada por medios publicitarios, en formato accesible para personas con discapacidad o dificultades de comprensión, que sea completa, objetiva, veraz, clara, comprensible y accesible, sobre las características de las viviendas, sus servicios e instalaciones y las condiciones jurídicas y económicas de su adquisición, arrendamiento, cesión o uso.

2. Todos los agentes que, operando en el sector de la edificación y rehabilitación de viviendas y la prestación de servicios inmobiliarios, estén facultados para la transmisión, el arrendamiento y la cesión de las viviendas en nombre propio o por cuenta ajena, tales como promotores, personas propietarias y otras titulares de derechos reales, agentes inmobiliarios y administradores de fincas, deben cumplir en su actividad el deber de información completa, objetiva, veraz, clara, comprensible y accesible conforme lo previsto en esta ley, así como en la legislación de defensa de consumidores y usuarios cuando se trate de relaciones entre consumidores o usuarios

y empresarios, quedando sujeta la publicidad que realicen a la legislación general que la regula, con prohibición, en particular, de cualesquiera actos publicitarios con información insuficiente, deficiente o engañosa.

3. A los efectos de los apartados anteriores, se entiende por información o publicidad toda forma de comunicación dirigida a demandantes de vivienda, usuarios o al público en general con el fin de promover de forma directa o indirecta la transmisión, el arrendamiento y cualquier otra forma de cesión de viviendas. Se entiende incompleta, insuficiente o deficiente la información que omita datos esenciales o los contenga en términos capaces de inducir a error a los destinatarios o producir repercusiones económicas o jurídicas que no resulten admisibles, por perturbar el pacífico disfrute de la vivienda en las habituales condiciones de uso.

ART. 31. Información mínima en las operaciones de compra y arrendamiento de vivienda.

1. Sin perjuicio de los principios y requerimientos contenidos en la normativa autonómica de aplicación y con carácter mínimo, la persona interesada en la compra o arrendamiento de una vivienda que se encuentre en oferta podrá requerir, antes de la formalización de la operación y de la entrega de cualquier cantidad a cuenta, la siguiente información, en formato accesible y en soporte duradero, acerca de las condiciones de la operación y de las características de la referida vivienda y del edificio en el que se encuentra:

a) Identificación del vendedor o arrendador y, en su caso, de la persona física o jurídica que intervenga, en el marco de una actividad profesional o empresarial, para la intermediación en la operación.

b) Condiciones económicas de la operación: precio total y conceptos en éste incluidos, así como las condiciones de financiación o pago que, en su caso, pudieran establecerse.

c) Características esenciales de la vivienda y del edificio, entre ellas:

1.º Certificado o cédula de habitabilidad.

2.º Acreditación de la superficie útil y construida de la vivienda, diferenciando en caso de división horizontal la superficie privativa de las comunes, y sin que pueda en ningún caso computarse a estos efectos las superficies de la vivienda con altura inferior a la exigida en la normativa reguladora.

3.º Antigüedad del edificio y, en su caso, de las principales reformas o actuaciones realizadas sobre el mismo.

4.º Servicios e instalaciones de que dispone la vivienda, tanto individuales como comunes.

5.º Certificado de eficiencia energética de la vivienda.

6.º Condiciones de accesibilidad de la vivienda y del edificio.

7.º Estado de ocupación o disponibilidad de la vivienda.

d) Información jurídica del inmueble: la identificación registral de la finca, con la referencia de las cargas, gravámenes y afecciones de cualquier naturaleza, y la cuota de participación fijada en el título de propiedad.

e) En el caso de tratarse de vivienda protegida, indicación expresa de tal circunstancia y de la sujeción al régimen legal de protección que le sea aplicable.

f) En caso de edificios que cuenten oficialmente con protección arquitectónica por ser parte de un entorno declarado o en razón de su particular valor arquitectónico o histórico, se aportará información sobre el grado de protección y las condiciones y limitaciones para las intervenciones de reforma o rehabilitación.

g) Cualquier otra información que pueda ser relevante para la persona interesada en la compra o arrendamiento de la vivienda, incluyendo los aspectos de carácter territorial, urbanístico, físico-técnico, de protección patrimonial, o administrativo relacionados con la misma.

2. En los mismos términos de lo establecido en el apartado anterior, la persona interesada en la compra o arrendamiento de una vivienda podrá requerir información acerca de la detección de amianto u otras sustancias peligrosas o nocivas para la salud.

3. Cuando la vivienda que vaya a ser objeto de arrendamiento como vivienda habitual se encuentre ubicada en una zona de mercado residencial tensionado, el propietario y, en su caso, la persona que intervenga en la intermediación en la operación deberá indicar tal circunstancia e informar, con anterioridad a la formalización del arrendamiento, y en todo caso en el documento del contrato, de la cuantía de la última renta del contrato de arrendamiento de vivienda habitual que hubiese estado vigente en los últimos cinco años en la misma vivienda, así como del valor que le pueda corresponder atendiendo al índice de referencia de precios de alquiler de viviendas que resulte de aplicación.

CAPÍTULO II

Información y transparencia en materia de vivienda y suelo

ART. 32. Parque público de vivienda.

1. El Estado, en cumplimiento del principio de colaboración y cooperación, así como en garantía del de trasparencia en la forma que se instrumente de acuerdo con las administraciones competentes, deberá elaborar y mantener actualizado un inventario del parque público de vivienda de su titularidad y de sus entes adscritos o dependientes, en el que se incluirá, al menos, la siguiente información:

a) Identificación de las viviendas que lo componen.

b) Características fundamentales de las viviendas.

c) Situación de uso de las mismas.

d) Características de las personas u hogares usuarios.

2. Anualmente se elaborará y publicará en la sede electrónica prevista en el artículo 38 de la Ley 40/2015, de 1 de octubre, de Régimen Jurídico del Sector Público, una memoria sobre las características del parque público de vivienda y su utilización, debidamente actualizada, que permita la conformación de un mapa de la vivienda social para facilitar su acceso por parte de la ciudadanía. Asimismo, se recogerá la información sobre las actuaciones previstas para reforzar el parque de vivienda social en los próximos cuatro años.

ART. 33. Inversión en programas de política de vivienda.

1. El Estado, en cumplimiento del principio de colaboración y cooperación, así como en garantía del de trasparencia, deberá detallar el presupuesto invertido anualmente en los diferentes programas de política de vivienda, a través de los instrumentos de colaboración con las administraciones competentes, diferenciando, al menos, en los siguientes destinos de gasto:

a) Ayudas al alquiler de vivienda dirigidas a las personas arrendatarias.

b) Promoción de vivienda en alquiler social o asequible.

c) Promoción de vivienda sujeta a algún tipo de protección pública.

d) Programas de intermediación en el alquiler.

e) Ayudas a la rehabilitación edificatoria, diferenciando específicamente las que mejoren la eficiencia energética y promuevan la utilización de las energías renovables y la accesibilidad.

f) Programas de regeneración o renovación urbana, especificando la inversión en actuaciones en asentamientos y barrios de alta vulnerabilidad incluyendo programas de realojo.

2. Con periodicidad anual, deberán publicarse los datos indicados en el apartado anterior a través de la sede electrónica prevista en el artículo 38 de la Ley 40/2015, de 1 de octubre, de Régimen Jurídico del Sector Público, indicando específicamente las cuantías que, en estos programas, hayan contribuido a favorecer el acceso a la primera vivienda por parte de jóvenes.

ART. 34. Caracterización del parque de vivienda. Vivienda deshabitada o vacía.

1. El Estado, en cumplimiento del principio de colaboración y cooperación, así como en garantía del de trasparencia en la forma que se instrumente de acuerdo con las administraciones competentes, y sobre la base de sus sistemas de información y gestión, ofrecerán información sobre el uso y destino del parque de viviendas de su ámbito territorial, con indicación, en términos agregados, del número de viviendas o de inmuebles de uso residencial que estén habitados por hogares y constituyan su residencia principal, así como aquellos que se hayan identificado como deshabitados o vacíos dentro de su ámbito territorial, incluyendo también de forma agregada, el número de inmuebles a los que, en su caso, se haya aplicado el recargo fiscal establecido en el artículo 72 del texto refundido de la Ley Reguladora de las Haciendas Locales, aprobado por Real Decreto Legislativo 2/2004, de 5 de marzo.

2. Con periodicidad anual, deberán publicarse los datos indicados en el apartado anterior a través de la sede electrónica prevista en el artículo 38 de la Ley 40/2015, de 1 de octubre, de Régimen Jurídico del Sector Público, especificando las medidas y acciones orientadas a la optimización del uso del parque de vivienda del ámbito territorial.

ART. 35. Caracterización de la demanda de vivienda.

1. El Estado, en cumplimiento del principio de colaboración y cooperación, así como en garantía del de trasparencia en la forma que se instrumente de acuerdo

con las administraciones competentes, deberá detallar el número de personas y hogares inscritos en los registros de demandantes de vivienda habilitados para el acceso a los diferentes programas de acceso a la vivienda, diferenciando aquellas personas u hogares que actualmente residen en su ámbito territorial, de aquellos solicitantes que residen en otros ámbitos territoriales. Asimismo, se establecerán las principales características socioeconómicas de las personas y hogares demandantes de vivienda a partir de la información obrante en los referidos registros.

2. Con periodicidad anual, deberán publicarse los datos indicados en el apartado anterior a través de la sede electrónica prevista en el artículo 38 de la Ley 40/2015, de 1 de octubre, de Régimen Jurídico del Sector Público, especificando las actuaciones realizadas, en curso y previstas para dar respuesta a la demanda existente.

ART. 36. Suelo público disponible para vivienda.

1. El Estado, en cumplimiento del principio de colaboración y cooperación, así como en garantía del de trasparencia en la forma que se instrumente de acuerdo con las administraciones competentes, deberá detallar el suelo disponible de su titularidad y de sus entes adscritos o dependientes, que se encuentre dotado de potencialidad edificatoria residencial en virtud de los instrumentos de ordenación urbanística, incluyendo, al menos, la siguiente información:

a) Número de viviendas, superficie construida y tipología edificatoria.

b) Situación del suelo en términos de urbanización.

c) Situación en términos de clasificación y categorización urbanística, diferenciando entre suelo urbano consolidado, suelo urbano no consolidado, suelo urbanizable delimitado o sectorizado con ordenación pormenorizada y suelo urbanizable delimitado o sectorizado sin ordenación pormenorizada, o categorías equivalentes.

2. Con periodicidad anual, deberán publicarse los datos indicados en el apartado anterior a través de la sede electrónica prevista en el artículo 38 de la Ley 40/2015, de 1 de octubre, de Régimen Jurídico del Sector Público, especificando el suelo integrante del patrimonio público de suelo, obtenido en cumplimiento el deber legal de cesión establecido en la letra b) del artículo 18.1 del texto refundido de la Ley de Suelo y Rehabilitación Urbana, aprobado por Real Decreto Legislativo 7/2015, de 30 de octubre.

DISPOSICIONES ADICIONALES

D.A. 1.ª Base de datos de contratos de arrendamiento de vivienda y refuerzo de la coordinación en la información sobre contratos de arrendamiento.

1. Para el desarrollo de lo previsto en esta ley, se conformará una base de datos de contratos de arrendamiento de vivienda, a partir de la información contenida en los actuales registros autonómicos de fianzas de las comunidades autónomas, en el Registro de la Propiedad y otras fuentes de información de ámbito estatal, autonómico o local, con el objeto de incrementar la información disponible para el desarrollo del Sistema de índices de referencia del precio del alquiler de vivienda

establecido en la disposición adicional segunda del Real Decreto-ley 7/2019, de 1 de marzo, de medidas urgentes en materia de vivienda y alquiler.

2. Se promoverán los mecanismos de colaboración con las comunidades autónomas y otros organismos e instituciones, para disponer de la información veraz sobre los contratos de arrendamiento de vivienda vigentes, a través de los datos recogidos en los distintos registros autonómicos y estatales, con el objeto de realizar un adecuado seguimiento del conjunto de medidas incluidas en esta ley y determinar el progreso en el cumplimiento de los objetivos de incrementar la oferta de vivienda en alquiler a precios asequibles.

3. A la entrada en vigor de la ley se iniciará un proceso específico de colaboración entre el Departamento Ministerial competente en materia de vivienda y las comunidades autónomas que hayan desarrollado sistemas de referencia del precio del alquiler en sus respectivos ámbitos territoriales para asegurar la colaboración entre sistemas, la atención a las especificidades territoriales que deban tenerse en cuenta, así como el establecimiento de plazos para agilizar su aplicación efectiva.

D.A. 2.ª Prioridad de la política de vivienda en la gestión patrimonial del Estado.

1. La gestión de los bienes patrimoniales deberá coadyuvar al desarrollo y ejecución de las distintas políticas públicas en vigor y, en particular, al de la política de vivienda, en coordinación con las Administraciones competentes.

Para ello, la Comisión de Coordinación financiera de Actuaciones Inmobiliarias y Patrimoniales orientará las actuaciones inmobiliarias públicas al cumplimiento de los objetivos generales de esta política, y específicamente, respecto a aquellas zonas declaradas con arreglo a esta ley de mercado residencial tensionado:

a) Adoptará los acuerdos necesarios que establezcan condiciones específicas en cuanto al destino, tipología, destinatarios u otras especificidades en los diferentes negocios patrimoniales de la Administración General del Estado y sus Organismos Públicos.

b) Analizará el patrimonio de la Administración General del Estado, y de los Organismos Públicos adscritos a ella, con el objeto de identificar posibles oportunidades de suelo u otros inmuebles susceptibles de reutilización para uso residencial.

c) Promover los acuerdos necesarios entre los distintos Departamentos Ministeriales, y específicamente entre el Ministerio de Transportes, Movilidad y Agenda Urbana, competente en materia de política de vivienda, y los Organismos Públicos competentes en la gestión patrimonial de los bienes inmuebles de los Ministerios de Defensa e Interior, al objeto de que puedan encontrarse fórmulas de colaboración que permitan impulsar actuaciones de fomento de la oferta de vivienda asequible.

2. Previamente a la incoación de cualquier expediente de enajenación de inmuebles titularidad del Estado o de sus Organismos Públicos, cuyo suelo esté calificado por el planeamiento como residencial, o como dotacional cuando la normativa admita el uso residencial para alquiler, la Dirección General del Patrimonio del Estado u organismo titular del inmueble solicitará un informe a la Secretaría General de Agenda Urbana y Vivienda del Ministerio de Transportes, Movilidad y Agenda Urbana, a fin de que califique el mercado residencial afectado, indique si la finca está sujeta a algunos de los criterios de gestión adoptados por la Comisión

de Coordinación financiera de Actuaciones Inmobiliarias y Patrimoniales conforme a lo dispuesto en el apartado anterior o, en su caso, proponga, en la forma prevista en el artículo 92.3 del Reglamento General de la Ley 33/2003, de 3 de noviembre, del Patrimonio de las Administraciones Públicas, aprobado por el Real Decreto 1373/2009, de 28 de agosto, que la enajenación se efectúe mediante concurso.

Este informe no será necesario cuando la enajenación tenga por objeto viviendas y vaya a realizarse por adjudicación directa a sus ocupantes en los casos permitidos por la ley, o cuando se trate de la enajenación de cuotas proindivisas en solares de uso residencial o viviendas ya construidas.

D.A. 3.ª Revisión de los criterios para la identificación de zonas de mercado residencial tensionado.

Las circunstancias establecidas en el artículo 18.3 para la identificación de zonas de mercado residencial tensionado serán objeto de revisión a los tres años desde la entrada en vigor de la ley, para adecuarlos a la realidad y evolución del mercado residencial, sobre la base de la cooperación con las Administraciones competentes en materia de vivienda.

D.A. 4.ª Aplicación de los recursos de los planes estatales en materia de vivienda en los trámites de intermediación y conciliación.

En el desarrollo de los trámites de intermediación y conciliación previos a la presentación de la demanda, así como en la atención a las personas y hogares sujetos a vulnerabilidad en los procedimientos recogidos en los artículos 439, 655 bis y 685 de la Ley 1/2000, de 7 de enero, de Enjuiciamiento Civil, podrán aplicarse por parte de las Comunidades Autónomas, Ceuta y Melilla los recursos de los planes estatales en materia de vivienda para cubrir los costes del proceso así como las compensaciones que puedan acordarse a solicitud de los propietarios de los inmuebles afectados, o por decisión de la administración competente en materia de vivienda, en los términos establecidos en la legislación y normativa autonómica de aplicación, con la finalidad de garantizar una vivienda digna y adecuada.

D.A. 5.ª Grupo de trabajo para la regulación de los contratos de arrendamiento de uso distinto del de vivienda.

En el plazo de seis meses desde la entrada en vigor de la ley se constituirá un grupo de trabajo para avanzar en una propuesta normativa de regulación de los contratos de arrendamiento de uso distinto del de vivienda a que se refiere el artículo 3 de la Ley 29/1994, de 24 de noviembre, de Arrendamientos Urbanos, y, en particular, de los contratos de arrendamiento celebrados por temporada sobre fincas urbanas de uso vivienda.

D.A. 6.ª Los administradores de fincas.

1. A los efectos de la presente ley y de las actividades que regula, son administradores de fincas las personas físicas que se dedican de forma habitual y

retribuida a prestar servicios de administración y asesoramiento a los titulares de bienes inmuebles y a las comunidades de propietarios de viviendas.

2. Los administradores de fincas, para ejercer su actividad, deben tener la capacitación profesional requerida y deben cumplir las condiciones legales y reglamentarias que les sean exigibles.

3. Los administradores de fincas, en el desarrollo de su actividad profesional, deben actuar con eficacia, diligencia, responsabilidad e independencia profesionales, con sujeción a la legalidad vigente y a los códigos éticos establecidos en el sector, con especial consideración hacia la protección de los derechos de los consumidores establecidos por las comunidades autónomas y en esta ley.

4. Para garantizar los derechos de los consumidores, los administradores de fincas deben suscribir un seguro de responsabilidad civil, pudiendo hacerlo directa o colectivamente.

DISPOSICIONES TRANSITORIAS

D.T. 1.ª Viviendas calificadas con algún régimen de protección pública con anterioridad a la entrada en vigor de la ley.

Las viviendas que, a la entrada en vigor de esta ley, estuvieran calificadas definitivamente con algún régimen de protección pública, se regirán por lo dispuesto en dicho régimen, de conformidad con lo establecido en la legislación y normativa de aplicación.

Las viviendas que formen parte de un parque público de vivienda se regirán por lo dispuesto en esta ley y en las disposiciones que lo regulen en la legislación en materia de vivienda, urbanismo y ordenación del territorio.

D.T. 2.ª Objetivos en relación con el parque de vivienda destinado a políticas sociales.

1. En relación con el establecimiento de los objetivos a los que se refiere el artículo 27, transcurrido un año desde la entrada en vigor de esta ley sin que las Administraciones territoriales competentes hayan establecido marcos temporales y metas específicas, se establece como referencia general el compromiso de alcanzar, en el plazo de 20 años, un parque mínimo de viviendas destinadas a políticas sociales del 20 por ciento respecto al total de hogares que residen en aquellos municipios en los que se hayan declarado zonas de mercado residencial tensionado.

2. Con objeto de asegurar el cumplimiento de los objetivos de incremento del parque de viviendas destinadas a políticas sociales a los que se refiere el apartado anterior y evaluar la adecuada financiación de las actuaciones señaladas en la letra c) del artículo 27.2, las Administraciones territoriales competentes, de conformidad con lo previsto en su normativa reguladora, deberán determinar con carácter anual las cantidades invertidas y el grado de avance en la consecución de los referidos objetivos.

D.T. 3.ª Procedimientos suspendidos en virtud de los artículos 1 y 1 bis del Real Decreto-ley 11/2020, de 31 de marzo, por el que se adoptan medidas urgentes complementarias en el ámbito social y económico para hacer frente al COVID-19.

Tras la entrada en vigor de esta ley, y a partir del 30 de junio del 2023, los procedimientos de desahucio y los lanzamientos indicados en los artículos 1 y 1 bis del Real Decreto-ley 11/2020, de 31 de marzo, por el que se adoptan medidas urgentes complementarias en el ámbito social y económico para hacer frente al COVID-19, que se encuentren suspendidos por aplicación de dichos preceptos, cuando la parte actora sea una gran tenedora de vivienda en los términos previstos por el artículo 3.k) de esta ley, sólo se reanudarán a petición expresa de la misma si la parte actora acredita que se ha sometido al procedimiento de conciliación o intermediación que a tal efecto establezcan las Administraciones Públicas, en base al análisis de las circunstancias de ambas partes y de las posibles ayudas y subvenciones existentes conforme a la legislación y normativa autonómica en materia de vivienda.

El requisito anterior podrá acreditarse mediante alguna de las siguientes formas:

1.º La declaración responsable emitida por la parte actora de que ha acudido a los servicios indicados anteriormente, en un plazo máximo de cinco meses de antelación a la presentación de la solicitud de reanudación del trámite o alzamiento de la suspensión, sin que hubiera sido atendida o se hubieran iniciado los trámites correspondientes en el plazo de dos meses desde que presentó su solicitud, junto con justificante acreditativo de la misma.

2.º El documento acreditativo de los servicios competentes que indique el resultado del procedimiento de conciliación o intermediación, en el que se hará constar la identidad de las partes, el objeto de la controversia y si alguna de las partes ha rehusado participar en el procedimiento, en su caso. Este documento no podrá tener una vigencia superior a tres meses.

En el caso de que la parte ejecutante sea una entidad pública de vivienda el requisito anterior se podrá sustituir, en su caso, por la previa concurrencia de la acción de los servicios específicos de intermediación de la propia entidad, que se acreditará en los términos del apartado anterior.

D.T. 4.ª Régimen de los contratos de arrendamiento celebrados con anterioridad a la entrada en vigor de esta ley.

1. Los contratos de arrendamiento sometidos a la Ley 29/1994, de 24 de noviembre, de Arrendamientos Urbanos, celebrados con anterioridad a la entrada en vigor de esta ley, continuarán rigiéndose por lo establecido en el régimen jurídico que les era de aplicación.

2. Sin perjuicio de lo dispuesto en el apartado anterior, cuando las partes lo acuerden y no resulte contrario a las previsiones legales, los contratos preexistentes podrán adaptarse al régimen jurídico establecido en esta ley.

3. Con independencia de lo previsto en los apartados anteriores, la regulación introducida en esta ley no afectará a las diferentes medidas de aplicación extraordinaria a los contratos vigentes de arrendamiento de vivienda y, en particular, la

recogida en el artículo 46 del Real Decreto-ley 6/2022, de 29 de marzo, por el que se adoptan medidas urgentes en el marco del Plan Nacional de respuesta a las consecuencias económicas y sociales de la guerra en Ucrania, que resultarán de aplicación en los términos en los que se encuentren reguladas.

DISPOSICIONES DEROGATORIAS

D.DT. ÚNICA.

Quedan derogadas a la entrada en vigor de esta ley cuantas disposiciones de igual o inferior rango se opongan a lo dispuesto en esta ley.

DISPOSICIONES FINALES

D.F. 1.ª Medidas de contención de precios en la regulación de los contratos de arrendamiento de vivienda.

La Ley 29/1994, de 24 de noviembre, de Arrendamientos Urbanos, queda modificada como sigue:

Uno. El artículo 10 queda redactado en los siguientes términos:

«Artículo 10. Prórroga del contrato.

1. Si llegada la fecha de vencimiento del contrato, o de cualquiera de sus prórrogas, una vez transcurridos como mínimo cinco años de duración de aquel, o siete años si el arrendador fuese persona jurídica, ninguna de las partes hubiese notificado a la otra, al menos con cuatro meses de antelación a aquella fecha en el caso del arrendador y al menos con dos meses de antelación en el caso del arrendatario, su voluntad de no renovarlo, el contrato se prorrogará obligatoriamente por plazos anuales hasta un máximo de tres años más, salvo que el arrendatario manifieste al arrendador con un mes de antelación a la fecha de terminación de cualquiera de las anualidades, su voluntad de no renovar el contrato.

2. En los contratos de arrendamiento de vivienda habitual sujetos a la presente ley en los que finalice el periodo de prórroga obligatoria previsto en el artículo 9.1, o el periodo de prórroga tácita previsto en el artículo 10.1, podrá aplicarse, previa solicitud del arrendatario, una prórroga extraordinaria del plazo del contrato de arrendamiento por un periodo máximo de un año, durante el cual se seguirá aplicando los términos y condiciones establecidos para el contrato en vigor. Esta solicitud de prórroga extraordinaria requerirá la acreditación por parte del arrendatario de una situación de vulnerabilidad social y económica sobre la base de un informe o certificado emitido en el último año por los servicios sociales de ámbito municipal o autonómico y deberá ser aceptada obligatoriamente por el arrendador cuando este sea un gran tenedor de vivienda de acuerdo con la definición establecida en la Ley 12/2023, de 24 de mayo, por el derecho a la vivienda, salvo que se hubiese suscrito entre las partes un nuevo contrato de arrendamiento.

3. En los contratos de arrendamiento de vivienda habitual sujetos a la presente ley, en los que el inmueble se ubique en una zona de mercado residencial tensionado y dentro del periodo de vigencia de la declaración de la referida zona en los términos dispuestos en la legislación estatal en materia de vivienda, finalice el periodo de prórroga obligatoria previsto en el artículo 9.1 de esta ley o el periodo de prórroga tácita previsto en el apartado anterior, previa solicitud del arrendatario, podrá prorrogarse de manera extraordinaria el contrato de arrendamiento por plazos anuales, por un periodo máximo de tres años, durante los cuales se seguirán aplicando los términos y condiciones establecidos para el contrato en vigor. Esta solicitud de prórroga extraordinaria deberá ser aceptada obligatoriamente por el arrendador, salvo que se hayan fijado otros términos o condi-

ciones por acuerdo entre las partes, se haya suscrito un nuevo contrato de arrendamiento con las limitaciones en la renta que en su caso procedan por aplicación de lo dispuesto en los apartados 6 y 7 del artículo 17 de esta ley, o en el caso de que el arrendador haya comunicado en los plazos y condiciones establecidos en el artículo 9.3 de esta ley, la necesidad de ocupar la vivienda arrendada para destinarla a vivienda permanente para sí o sus familiares en primer grado de consanguinidad o por adopción o para su cónyuge en los supuestos de sentencia firme de separación, divorcio o nulidad matrimonial.

4. Al contrato prorrogado, le seguirá siendo de aplicación el régimen legal y convencional al que estuviera sometido.»

Dos. Se modifica el apartado 3 del artículo 17, que queda redactado en los siguientes términos:

«3. El pago se efectuará a través de medios electrónicos. Excepcionalmente, cuando alguna de las partes carezca de cuenta bancaria o acceso a medios electrónicos de pago y a solicitud de esta, se podrá efectuar en metálico y en la vivienda arrendada.»

Tres. Se añaden dos nuevos apartados 6 y 7 en el artículo 17, redactados en los siguientes términos:

«6. En los contratos de arrendamiento de vivienda sujetos a la presente ley en los que el inmueble se ubique en una zona de mercado residencial tensionado dentro del periodo de vigencia de la declaración de la referida zona en los términos dispuestos en la Ley 12/2023, de 24 de mayo, por el derecho a la vivienda, la renta pactada al inicio del nuevo contrato no podrá exceder de la última renta de contrato de arrendamiento de vivienda habitual que hubiese estado vigente en los últimos cinco años en la misma vivienda, una vez aplicada la cláusula de actualización anual de la renta del contrato anterior, sin que se puedan fijar nuevas condiciones que establezcan la repercusión al arrendatario de cuotas o gastos que no estuviesen recogidas en el contrato anterior.

Únicamente podrá incrementarse, más allá de lo que proceda de la aplicación de la cláusula de actualización anual de la renta del contrato anterior, en un máximo del 10 por ciento sobre la última renta de contrato de arrendamiento de vivienda habitual que hubiese estado vigente en los últimos cinco años en la misma vivienda, cuando se acredite alguno de los siguientes supuestos:

a) Cuando la vivienda hubiera sido objeto de una actuación de rehabilitación en los términos previstos en el apartado 1 del artículo 41 del Reglamento del Impuesto sobre la Renta de las Personas Físicas, que hubiera finalizado en los dos años anteriores a la fecha de la celebración del nuevo contrato de arrendamiento.

b) Cuando en los dos años anteriores a la fecha de la celebración del nuevo contrato de arrendamiento se hubieran finalizado actuaciones de rehabilitación o mejora de la vivienda en la que se haya acreditado un ahorro de energía primaria no renovable del 30 por ciento, a través de sendos certificados de eficiencia energética de la vivienda, uno posterior a la actuación y otro anterior que se hubiese registrado como máximo dos años antes de la fecha de la referida actuación.

c) Cuando en los dos años anteriores a la fecha de la celebración del nuevo contrato de arrendamiento se hubieran finalizado actuaciones de mejora de la accesibilidad, debidamente acreditadas.

d) Cuando el contrato de arrendamiento se firme por un periodo de diez o más años, o bien, se establezca un derecho de prórroga al que pueda acogerse voluntariamente el arrendatario, que le permita de manera potestativa prorrogar el contrato en los mismos términos y condiciones durante un periodo de diez o más años.

7. Sin perjuicio de lo dispuesto en el apartado anterior, en los contratos de arrendamiento de vivienda sujetos a la presente ley en los que el arrendador sea un gran tenedor de vivienda de acuerdo con la definición establecida en la Ley 12/2023, de 24 de mayo, por el derecho a la vivienda, y en los que el inmueble se ubique en una zona de mercado residencial tensionado dentro del periodo de vigencia de la declaración de la referida zona en los términos dispuestos en la referida Ley 12/2023, de 24 de mayo, por el derecho a la vivienda, la renta pactada al inicio del nuevo contrato no podrá exceder del límite máximo del precio aplicable conforme al sistema de índices de precios de referencia atendiendo a las condiciones y características de la vivienda arrendada y del edificio en que se ubique, pudiendo desarrollarse reglamentariamente las bases metodológicas de dicho sistema y los protocolos de colaboración e intercambio de datos con los sistemas de información estatales y autonómicos de aplicación.

Esta misma limitación se aplicará a los contratos de arrendamiento de vivienda en los que el inmueble se ubique en una zona de mercado residencial tensionado dentro del periodo de vigencia de la declaración de la referida zona en los términos dispuestos en la referida Ley 12/2023, de 24 de mayo, por el derecho a la vivienda, y sobre el que no hubiese estado vigente ningún contrato de arrendamiento de vivienda vigente en los últimos cinco años, siempre que así se recoja en la resolución del Ministerio de Transportes, Movilidad y Agenda Urbana, al haberse justificado dicha aplicación en la declaración de la zona de mercado residencial tensionado.»

Cuatro. Se modifica el apartado 1 del artículo 20, que queda redactado como sigue:

«1. Las partes podrán pactar que los gastos generales para el adecuado sostenimiento del inmueble, sus servicios, tributos, cargas y responsabilidades que no sean susceptibles de individualización y que correspondan a la vivienda arrendada o a sus accesorios, sean a cargo del arrendatario.

En edificios en régimen de propiedad horizontal tales gastos serán los que correspondan a la finca arrendada en función de su cuota de participación.

En edificios que no se encuentren en régimen de propiedad horizontal, tales gastos serán los que se hayan asignado a la finca arrendada en función de su superficie.

Para su validez, este pacto deberá constar por escrito y determinar el importe anual de dichos gastos a la fecha del contrato. El pacto que se refiera a tributos no afectará a la Administración.

Los gastos de gestión inmobiliaria y los de formalización del contrato serán a cargo del arrendador.»

Cinco. Se añade una disposición adicional undécima, redactada de la siguiente forma:

«Disposición adicional undécima. Índice de referencia para la actualización anual de los contratos de arrendamiento de vivienda.

El Instituto Nacional de Estadística definirá, antes del 31 de diciembre de 2024, un índice de referencia para la actualización anual de los contratos de arrendamiento de vivienda que se fijará como límite de referencia a los efectos del artículo 18 de esta ley, con el objeto de evitar incrementos desproporcionados en la renta de los contratos de arrendamiento.»

Seis. Se añade una disposición transitoria séptima, redactada de la siguiente forma:

«Disposición transitoria séptima. Aplicación de las medidas en zonas tensionadas.

1. La regulación establecida en el apartado 7 del artículo 17 se aplicará a los contratos que se formalicen desde la entrada en vigor de la Ley 12/2023, de 24 de mayo, por el derecho a la vivienda, y una vez se encuentre aprobado el referido sistema de índices de precios de referencia, de acuerdo con lo previsto en la disposición adicional primera de la Ley 12/2023, de 24 de mayo, por el derecho a la vivienda y lo establecido en la disposición adicional segunda del Real Decreto-ley 7/2019, de 1 de marzo, de medidas urgentes en materia de vivienda y alquiler.

2. La resolución del Departamento ministerial competente en materia de vivienda que apruebe el referido sistema de índices de precios de referencia se realizará por ámbitos territoriales, considerando las bases de datos, sistemas y metodologías desarrolladas por las distintas comunidades autónomas y asegurando en todo caso la coordinación técnica.»

D.F. 2.ª Incentivos fiscales aplicables en el Impuesto sobre la Renta de las Personas Físicas a los arrendamientos de inmuebles destinados a vivienda.

Con efectos para los contratos de arrendamiento de vivienda celebrados a partir de la entrada en vigor de esta ley, se introducen las siguientes modificaciones en la Ley 35/2006, de 28 de noviembre, del Impuesto sobre la Renta de las Personas Físicas y de modificación parcial de las leyes de los Impuestos sobre Sociedades, sobre la Renta de no Residentes y sobre el Patrimonio:

Uno. Se modifica el apartado 2 del artículo 23, que queda redactado de la siguiente forma:

«2. En los supuestos de arrendamiento de bienes inmuebles destinados a vivienda, el rendimiento neto positivo calculado con arreglo a lo dispuesto en el apartado anterior, se reducirá:

a) En un 90 por ciento cuando se hubiera formalizado por el mismo arrendador un nuevo contrato de arrendamiento sobre una vivienda situada en una zona de mercado residencial tensionado, en el que la renta inicial se hubiera rebajado en más de un 5 por ciento en relación con la última renta del anterior contrato de arrendamiento de la misma vivienda, una vez aplicada, en su caso, la cláusula de actualización anual del contrato anterior.

b) En un 70 por ciento cuando no cumpliéndose los requisitos señalados en la letra a) anterior, se produzca alguna de las circunstancias siguientes:

1.º Que el contribuyente hubiera alquilado por primera vez la vivienda, siempre que ésta se encuentre situada en una zona de mercado residencial tensionado y el arrendatario tenga una edad comprendida entre 18 y 35 años. Cuando existan varios arrendatarios de una misma vivienda, esta reducción se aplicará sobre la parte del rendimiento neto que proporcionalmente corresponda a los arrendatarios que cumplan los requisitos previstos en esta letra.

2.º Cuando el arrendatario sea una Administración Pública o entidad sin fines lucrativos a las que sea de aplicación el régimen especial regulado en el título II de la Ley 49/2002, de 23 de diciembre, de régimen fiscal de las entidades sin fines lucrativos y de los incentivos fiscales al mecenazgo, que destine la vivienda al alquiler social con una renta mensual inferior a la establecida en el programa de ayudas al alquiler del plan estatal de vivienda, o al alojamiento de personas en situación de vulnerabilidad económica a que se refiere la Ley 19/2021, de 20 de diciembre, por la que se establece el ingreso mínimo vital, o cuando la vivienda esté acogida a algún programa público de vivienda o calificación en virtud del cual la Administración competente establezca una limitación en la renta del alquiler.

c) En un 60 por ciento cuando, no cumpliéndose los requisitos de las letras anteriores, la vivienda hubiera sido objeto de una actuación de rehabilitación en los términos previstos en el apartado 1 del artículo 41 del Reglamento del Impuesto que hubiera finalizado en los dos años anteriores a la fecha de la celebración del contrato de arrendamiento.

d) En un 50 por ciento, en cualquier otro caso.

Los requisitos señalados deberán cumplirse en el momento de celebrar el contrato de arrendamiento, siendo la reducción aplicable mientras se sigan cumpliendo los mismos.

Estas reducciones sólo resultarán aplicables sobre los rendimientos netos positivos que hayan sido calculados por el contribuyente en una autoliquidación presentada antes de que se haya iniciado un procedimiento de verificación de datos, de comprobación limitada o de inspección que incluya en su objeto la comprobación de tales rendimientos.

En ningún caso resultarán de aplicación las reducciones respecto de la parte de los rendimientos netos positivos derivada de ingresos no incluidos o de gastos indebidamente deducidos en la autoliquidación del contribuyente y que se regularicen en alguno de los procedimientos citados en el párrafo anterior, incluso cuando esas circunstancias hayan sido declaradas o aceptadas por el contribuyente durante la tramitación del procedimiento. Tampoco resultarán de aplicación las reducciones en relación con aquellos contratos de arrendamiento que incumplan lo dispuesto en el apartado 6 del artículo 17 de la Ley de Arrendamientos Urbanos.

Las zonas de mercado residencial tensionado a las que podrá resultar de aplicación lo previsto en este apartado serán las recogidas en la resolución que, de acuerdo con lo dispuesto en la legislación estatal en materia de vivienda, apruebe el Ministerio de Transportes, Movilidad y Agenda urbana.»

Dos. Se introduce una disposición transitoria trigésima octava, que queda redactada de la siguiente forma:

«Disposición transitoria trigésima octava. Reducción aplicable a determinados arrendamientos de viviendas.

A los rendimientos netos positivos de capital inmobiliario derivados de contratos de arrendamiento de vivienda que se hubieran celebrado con anterioridad a la entrada en vigor de la Ley 12/2023, de 24 de mayo, por el derecho a la vivienda, les resultará de aplicación la reducción prevista en el apartado 2 del artículo 23 de esta ley en su redacción vigente a 31 de diciembre de 2021.»

D.F. 3.ª Modulación del recargo a los inmuebles de uso residencial desocupados con carácter permanente en el Impuesto sobre Bienes Inmuebles.

El texto refundido de la Ley Reguladora de las Haciendas Locales, aprobado por Real Decreto Legislativo 2/2004, de 5 de marzo, queda modificado como sigue:

El apartado 4 del artículo 72 queda redactado en los siguientes términos:

«4. Dentro de los límites resultantes de lo dispuesto en los apartados anteriores, los ayuntamientos podrán establecer, para los bienes inmuebles urbanos, excluidos los de uso residencial, tipos diferenciados atendiendo a los usos establecidos en la normativa catastral para la valoración de las construcciones. Cuando los inmuebles tengan atribuidos varios usos se aplicará el tipo correspondiente al uso de la edificación o dependencia principal.

Dichos tipos solo podrán aplicarse, como máximo, al 10 por ciento de los bienes inmuebles urbanos del término municipal que, para cada uso, tenga mayor valor catastral, a cuyo efecto la ordenanza fiscal del impuesto señalará el correspondiente umbral de valor para todos o cada uno de los usos, a partir del cual serán de aplicación los tipos incrementados.

Tratándose de inmuebles de uso residencial que se encuentren desocupados con carácter permanente, los ayuntamientos podrán exigir un recargo de hasta el 50 por ciento de la cuota líquida del impuesto.

A estos efectos tendrá la consideración de inmueble desocupado con carácter permanente aquel que permanezca desocupado, de forma continuada y sin causa justificada, por un plazo superior a dos años, conforme a los requisitos, medios de prueba y procedimiento que establezca la ordenanza fiscal, y pertenezcan a titulares de cuatro o más inmuebles de uso residencial.

El recargo podrá ser de hasta el 100 por ciento de la cuota líquida del impuesto cuando el periodo de desocupación sea superior a tres años, pudiendo modularse en función del periodo de tiempo de desocupación.

Además, los ayuntamientos podrán aumentar el porcentaje de recargo que corresponda con arreglo a lo señalado anteriormente en hasta 50 puntos porcentuales adicionales en caso de inmuebles pertenecientes a titulares de dos o más inmuebles de uso residencial que se encuentren desocupados en el mismo término municipal.

En todo caso se considerarán justificadas las siguientes causas: el traslado temporal por razones laborales o de formación, el cambio de domicilio por situación de dependencia o razones de salud o emergencia social, inmuebles destinados a usos de vivienda de segunda residencia con un máximo de cuatro años de desocupación continuada, inmuebles sujetos a actuaciones de obra o rehabilitación, u otras circunstancias que imposibiliten su ocupación efectiva, que la vivienda esté siendo objeto de un litigio o causa pendiente de resolución judicial o administrativa que impida el uso y disposición de la misma o que se trate de inmuebles cuyos titulares, en condiciones de mercado, ofrezcan en venta, con un máximo de un año en esta situación, o en alquiler, con un máximo de seis meses en esta situación. En el caso de inmuebles de titularidad de alguna Administración Pública, se considerará también como causa justificada ser objeto el inmueble de un procedimiento de venta o de puesta en explotación mediante arrendamiento.

El recargo, que se exigirá a los sujetos pasivos de este tributo, se devengará el 31 de diciembre y se liquidará anualmente por los ayuntamientos, una vez constatada la desocupación del inmueble en tal fecha, juntamente con el acto administrativo por el que esta se declare.

La declaración municipal como inmueble desocupado con carácter permanente exigirá la previa audiencia del sujeto pasivo y la acreditación por el Ayuntamiento de los indicios de desocupación, a regular en dicha ordenanza, dentro de los cuales podrán figurar los relativos a los datos del padrón municipal, así como los consumos de servicios de suministro.»

D.F. 4.ª Modificación del texto refundido de la Ley de Suelo y Rehabilitación Urbana, aprobado por Real Decreto Legislativo 7/2015, de 30 de octubre.

El texto refundido de la Ley de Suelo y Rehabilitación Urbana, aprobado por Real Decreto Legislativo 7/2015, de 30 de octubre, queda modificado como sigue:

Se modifica la letra b) del apartado 1 del artículo 20, que queda redactada del siguiente modo:

«b) Destinar suelo adecuado y suficiente para usos productivos y para uso residencial, con reserva en todo caso de una parte proporcionada a vivienda sujeta a un régimen de protección pública que, al menos, permita establecer su precio máximo en venta, alquiler u otras formas de acceso a la vivienda, como el derecho de superficie o la concesión administrativa.

Esta reserva será determinada por la legislación sobre ordenación territorial y urbanística o, de conformidad con ella, por los instrumentos de ordenación, garantizará una distribución de su localización respetuosa con el principio de cohesión social y comprenderá, como mínimo, los terrenos necesarios para realizar el 40 por ciento de la edificabilidad residencial prevista por la ordenación urbanística en el suelo rural que vaya a ser incluido en actuaciones de nueva urbanización y el 20 por ciento en el suelo urbanizado que deba someterse a actuaciones de reforma o renovación de la urbanización.

No obstante, dicha legislación podrá también fijar o permitir excepcionalmente una reserva inferior o eximirlas para determinados Municipios o actuaciones, siempre que, cuando se trate de actuaciones de nueva urbanización, se garantice en el instrumento de ordenación el cumplimiento íntegro de la reserva dentro de su ámbito territorial de aplicación y una distribución de su localización respetuosa con el principio de cohesión social.»

D.F. 5.ª Modificación de la Ley 1/2000, de 7 de enero, de Enjuiciamiento Civil.

La Ley 1/2000, de 7 de enero, de Enjuiciamiento Civil, queda modificada como sigue:

Uno. Se modifica el apartado 4 del artículo 150, que queda redactado del siguiente modo:

«4. Cuando la notificación de la resolución contenga fijación de fecha para el lanzamiento de quienes ocupan una vivienda, se dará traslado a las Administraciones Públicas competentes en materia de vivienda, asistencia social, evaluación e información de situaciones de necesidad social y atención inmediata a personas en situación o riesgo de exclusión social, por si procediera su actuación.»

Dos. Se añaden nuevos apartados 6 y 7 en el artículo 439, que quedan redactados como sigue:

«6. En los casos de los números 1.º, 2.º, 4.º y 7.º del apartado 1 del artículo 250, no se admitirán las demandas, que pretendan la recuperación de la posesión de una finca, en que no se especifique:

a) Si el inmueble objeto de las mismas constituye vivienda habitual de la persona ocupante.

b) Si concurre en la parte demandante la condición de gran tenedora de vivienda, en los términos que establece el artículo 3.k) de la Ley 12/2023, de 24 de mayo, por el derecho a la vivienda.

En el caso de indicarse que no se tiene la condición de gran tenedor, a efectos de corroborar tal extremo, se deberá adjuntar a la demanda certificación del Registro de la Propiedad en el que consten la relación de propiedades a nombre de la parte actora.

c) En el caso de que la parte demandante tenga la condición de gran tenedor, si la parte demandada se encuentra o no en situación de vulnerabilidad económica.

Para acreditar la concurrencia o no de vulnerabilidad económica se deberá aportar documento acreditativo, de vigencia no superior a tres meses, emitido, previo consentimiento de la persona ocupante de la vivienda, por los servicios de las Administraciones autonómicas y locales competentes en materia de vivienda, asistencia social, evaluación e información de situaciones de necesidad social y atención inmediata a personas en situación o riesgo de exclusión social que hayan sido específicamente designados conforme la legislación y normativa autonómica en materia de vivienda.

El requisito exigido en esta letra c) también podrá cumplirse mediante:

1.º La declaración responsable emitida por la parte actora de que ha acudido a los servicios indicados anteriormente, en un plazo máximo de cinco meses de antelación a la presentación de la demanda, sin que hubiera sido atendida o se hubieran iniciado los trámites correspondientes en el plazo de dos meses desde que presentó su solicitud, junto con justificante acreditativo de la misma.

2.º El documento acreditativo de los servicios competentes que indiquen que la persona ocupante no consiente expresamente el estudio de su situación económica en los términos previstos en la legislación y normativa autonómica en materia de vivienda. Este documento no podrá tener una vigencia superior a tres meses.

7. En los casos de los números 1.º, 2.º, 4.º y 7.º del apartado 1 del artículo 250, en el caso de que la parte actora tenga la condición de gran tenedora en los términos previstos por el apartado anterior, el inmueble objeto de demanda constituya vivienda habitual de la persona ocupante y la misma se encuentre en situación de vulnerabilidad económica conforme lo previsto igualmente en el apartado anterior, no se admitirán las demandas en las que no se acredite que la parte actora se ha sometido al procedimiento de conciliación o intermediación que a tal efecto establezcan las Administraciones Públicas competentes, en base al análisis de las circunstancias de ambas partes y de las posibles ayudas y subvenciones existentes en materia de vivienda conforme a lo dispuesto en la legislación y normativa autonómica en materia de vivienda.

El requisito anterior podrá acreditarse mediante alguna de las siguientes formas:

1.º La declaración responsable emitida por la parte actora de que ha acudido a los servicios indicados anteriormente, en un plazo máximo de cinco meses de antelación a la presentación de la demanda, sin que hubiera sido atendida o se hubieran iniciado los trámites correspondientes en el plazo de dos meses desde que presentó su solicitud, junto con justificante acreditativo de la misma.

2.º El documento acreditativo de los servicios competentes que indique el resultado del procedimiento de conciliación o intermediación, en el que se hará constar la identidad de las partes, el objeto de la controversia y si alguna de las partes ha rehusado participar en el procedimiento, en su caso. Este documento no podrá tener una vigencia superior a tres meses.

En el caso de que la empresa arrendadora sea una entidad pública de vivienda el requisito anterior se podrá sustituir, en su caso, por la previa concurrencia de la acción de los servicios específicos de intermediación de la propia entidad, que se acreditará en los mismos términos del apartado anterior.»

Tres. Se añade un nuevo apartado 5 en el artículo 440, redactado del siguiente modo:

«5. En todos los casos de desahucio y en todos los decretos o resoluciones judiciales que tengan como objeto el señalamiento del lanzamiento, independientemente de que éste se haya intentado llevar a cabo con anterioridad, se deberá incluir el día y la hora exacta en los que tendrá lugar el mismo.»

Cuatro. Se modifican los apartados 1 bis y 5 del artículo 441 y se añaden nuevos apartados 6 y 7, que quedan redactados como sigue:

«1 bis. Cuando se trate de una demanda de recuperación de la posesión de una vivienda o parte de ella que se tramite según lo previsto en el artículo 250.1.4.º, la notificación se hará a quien se encuentre habitando aquélla. Se podrá hacer además a los ignorados ocupantes de la vivienda. A efectos de proceder a la identificación del receptor y demás ocupantes, quien realice el acto de comunicación podrá ir acompañado de los agentes de la autoridad.

Si el demandante hubiera solicitado la inmediata entrega de la posesión de la vivienda, en el decreto de admisión a trámite de la demanda se requerirá a sus ocupantes para que aporten, en el plazo de cinco días desde la notificación de aquella, título que justifique su situación posesoria.

Si no se aportara justificación suficiente, el tribunal ordenará mediante auto el desalojo de los ocupantes y la inmediata entrega de la posesión de la vivienda al demandante, siempre que el título que se hubiere acompañado a la demanda fuere bastante para la acreditación de su derecho a poseer y sin perjuicio de lo establecido en los apartados 5, 6 y 7 de este mismo artículo si ha sido posible la identificación del receptor de la notificación o demás ocupantes de la vivienda.

Contra el auto que decida sobre el incidente no cabrá recurso alguno y se llevará a efecto contra cualquiera de los ocupantes que se encontraren en ese momento en la vivienda.»

«5. En los casos de los números 1.º, 2.º, 4.º y 7.º del apartado 1 del artículo 250, siempre que el inmueble objeto de la controversia constituya la vivienda habitual de la parte demandada, se informará a esta, en el decreto de admisión a trámite de la demanda, de la posibilidad de acudir a las Administraciones Públicas autonómicas y locales competentes en materia de vivienda, asistencia social, evaluación e información de situaciones de necesidad social y atención inmediata a personas en situación o riesgo de exclusión social. La información deberá comprender los datos exactos de identificación de dichas Administraciones y el modo de tomar contacto con ellas, a efectos de que puedan apreciar la posible situación de vulnerabilidad de la parte demandada.

Sin perjuicio de lo dispuesto en el párrafo anterior, se comunicará inmediatamente y de oficio por el Juzgado la existencia del procedimiento a las Administraciones autonómicas y locales competentes en materia de vivienda, asistencia social, evaluación e información de situaciones de necesidad social y atención inmediata a personas en situación o riesgo de exclusión social, a fin de que puedan verificar la situación de vulnerabilidad y, de existir esta, presentar al Juzgado propuesta de alternativa de vivienda digna en alquiler social a proporcionar por la Administración competente para ello y propuesta de medidas de atención inmediata a adoptar igualmente por la Administración competente, así como de las posibles ayudas económicas y subvenciones de las que pueda ser beneficiaria la parte demandada.

En caso de que estas Administraciones Públicas confirmasen que el hogar afectado se encuentra en situación de vulnerabilidad económica y, en su caso, social, se notificará al órgano judicial a la mayor brevedad y en todo caso en el plazo máximo de diez días.

En los casos previstos por los apartados 6 y 7 del artículo 439, cuando la parte actora sea una gran tenedora de vivienda y hubiera presentado junto con la demanda documento acreditativo de la vulnerabilidad de la parte demandada, en el oficio a las Administraciones públicas competentes se hará constar esta circunstancia a efectos de que efectúen directamente, en el mismo plazo, la propuesta de medidas de atención inmediata a adoptar, así como de las posibles ayudas económicas y subvenciones de las que pueda ser beneficiaria la parte demandada y las causas, que, en su caso, han impedido su aplicación con anterioridad.

Recibida dicha comunicación o transcurrido el plazo, el letrado o letrada de la Administración de Justicia dará traslado a las partes para que en el plazo de cinco días puedan instar lo que a su derecho convenga, procediendo a suspender la fecha prevista para la celebración de la vista o para el lanzamiento, de ser necesaria tal suspensión por la inmediatez de las fechas.»

«6. Presentados los escritos de las partes o transcurrido el plazo concedido para ello, el tribunal resolverá por auto, a la vista de la información recibida de las Administraciones Públicas competentes y de las alegaciones de las partes, sobre si suspende el proceso para que se adopten las medidas propuestas por las Administraciones públicas, durante un plazo máximo de suspensión de dos meses si el demandante es una persona física o de cuatro meses si se trata de una persona jurídica.

Una vez adoptadas las medidas por las Administraciones Públicas competentes o transcurrido el plazo máximo de suspensión previsto en el párrafo anterior, se alzará ésta automáticamente y continuará el procedimiento por todos sus trámites.»

«7. El tribunal tomará la decisión previa valoración ponderada y proporcional del caso concreto, apreciando las situaciones de vulnerabilidad que pudieran concurrir también en la parte actora y cualquier otra circunstancia acreditada en autos.

A estos efectos, en particular, el tribunal para apreciar la situación de vulnerabilidad económica podrá considerar el hecho de que el importe de la renta, si se trata de un juicio de desahucio por falta de pago, más el de los suministros de electricidad, gas, agua y telecomunicaciones suponga más del 30 por 100 de los ingresos de la unidad familiar y que el conjunto de dichos ingresos no alcance:

a) Con carácter general, el límite de 3 veces el Indicador Público de Renta de Efectos Múltiples mensual (en adelante IPREM).

b) Este límite se incrementará en 0,3 veces el IPREM por cada hijo a cargo en la unidad familiar. El incremento aplicable por hijo a cargo será de 0,35 veces el IPREM por cada hijo en el caso de unidad familiar monoparental o en el caso de cada hijo con discapacidad igual o superior al 33 por ciento.

c) Este límite se incrementará en 0,2 veces el IPREM por cada persona mayor de 65 años miembro de la unidad familiar o personas en situación de dependencia a cargo.

d) En caso de que alguno de los miembros de la unidad familiar tenga declarada discapacidad igual o superior al 33 por ciento, situación de dependencia o enfermedad que le incapacite acreditadamente de forma permanente para realizar una actividad laboral, el límite previsto en la letra a) será de 5 veces el IPREM, sin perjuicio de los incrementos acumulados por hijo a cargo.

A estos mismos efectos, el tribunal para apreciar la vulnerabilidad social podrá considerar el hecho de que, entre quienes ocupen la vivienda, se encuentren personas dependientes de conformidad con lo dispuesto en el apartado 2 del artículo 2 de la Ley 39/2006, de 14 de diciembre, de Promoción de la Autonomía Personal y Atención a las personas en situación de dependencia, víctimas de violencia sobre la mujer o personas menores de edad.»

Cinco. Se modifican los apartados 3 y 4 del artículo 549, que quedan redactados como sigue:

«3. En la sentencia condenatoria de todos los tipos de desahucio, o en los decretos que pongan fin al referido desahucio si no hubiera oposición al requerimiento, la solicitud de su ejecución en la demanda de desahucio será suficiente para la ejecución directa de dichas resoluciones, sin necesidad de ningún otro trámite para proceder al lanzamiento en el día y hora exacta señalados en la propia sentencia o en el día y hora exacta que se hubiera fijado al ordenar la realización del requerimiento al demandado, todo ello según el apartado 5 del artículo 440.

4. El plazo de espera legal al que se refiere el artículo anterior no será de aplicación en la ejecución de resoluciones de condena de desahucio por falta de pago de rentas o cantidades debidas, o por expiración legal o contractual del plazo, que se regirá por lo previsto en tales casos.

No obstante, cuando se trate de vivienda habitual, con carácter previo al lanzamiento deberá haberse procedido en los términos de los apartados 5, 6 y 7 del artículo 441 de esta ley.»

Seis. Se introduce un nuevo artículo 655 bis, con el siguiente literal:

«***Artículo 655 bis. Subasta de bienes inmuebles.***

1. Cuando el bien objeto de la subasta sea un bien inmueble que sea la vivienda habitual del ejecutado y el acreedor sea una empresa de vivienda o un gran tenedor de vivienda en los términos previstos por la letra b del apartado 6 del artículo 439 y no haya sido acreditado con anterioridad, deberá acreditarse por la parte actora, antes del inicio de la vía de apremio, si el deudor se encuentra en situación de vulnerabilidad económica.

Para acreditar la concurrencia o no de vulnerabilidad económica de la parte ejecutada se deberá aportar documento acreditativo, de vigencia no superior a tres meses, emitido, previo consentimiento de éste, por los servicios de las Administraciones autonómicas y locales competentes en materia de vivienda, asistencia social, evaluación e información de situaciones de necesidad social y atención inmediata a personas en situación o riesgo de exclusión social que hayan sido específicamente designados conforme a la legislación y normativa autonómica en materia de vivienda.

Este requisito también podrá cumplirse mediante:

1.º La declaración responsable emitida por la parte actora de que ha acudido a los servicios indicados anteriormente, en un plazo máximo de cinco meses de antelación a la presentación de la solicitud de inicio de la vía de apremio, sin que hubiera sido atendida o se hubieran iniciado los trámites correspondientes en el plazo de dos meses desde que presentó su solicitud, junto con justificante acreditativo de la misma. En tal caso el Juzgado se dirigirá a las Administraciones competentes a fin de que confirmen, en el plazo máximo de diez días, si el hogar afectado se encuentra en situación de vulnerabilidad económica y, en su caso, social, así como las medidas previstas que se aplicarán de forma inmediata para que disponga de una vivienda.

2.º El documento acreditativo de los servicios competentes que indiquen que la parte ejecutada no consiente expresamente el estudio de su situación económica en los términos previstos por la legislación y normativa autonómica en materia de vivienda. Este documento no podrá tener una vigencia superior a tres meses.

2. En el caso de que se tenga constancia de que el deudor hipotecario se encuentra en situación de vulnerabilidad económica conforme lo previsto en los apartados anteriores, no se iniciará la vía de apremio si no se acredita que la parte actora se ha sometido al procedimiento de conciliación o intermediación que a tal efecto establezcan las Administraciones Públicas, en base al análisis de las circunstancias de ambas partes y de las posibles ayudas y subvenciones existentes en materia de vivienda conforme a lo dispuesto en la legislación y normativa autonómica en materia de vivienda.

El requisito anterior podrá acreditarse mediante alguna de las siguientes formas:

1.º La declaración responsable emitida por la parte actora de que ha acudido a los servicios indicados anteriormente, en un plazo máximo de cinco meses de antelación a la presentación de la solicitud de inicio de la vía de apremio, sin que hubiera sido atendida o se hubieran iniciado los trámites correspondientes en el plazo de dos meses desde que presentó su solicitud, junto con justificante acreditativo de la misma. En tal caso, inmediatamente a la presentación de la solicitud, el Juzgado se dirigirá a las Administraciones competentes a fin de que confirmen, en el plazo máximo de diez días, si el hogar afectado se encuentra en situación de vulnerabilidad económica y, en su caso, social, así como las medidas previstas que se aplicarán de forma inmediata para que disponga de una vivienda.

2.º El documento acreditativo de los servicios competentes que indique el resultado del procedimiento de conciliación o intermediación, en el que se hará constar la identidad de las partes, el objeto de la controversia y si alguna de las partes ha rehusado participar en el procedimiento, en su caso. Este documento no podrá tener una vigencia superior a tres meses.

En el caso de que la parte ejecutante sea una entidad pública de vivienda el requisito anterior se podrá sustituir, en su caso, por la previa concurrencia de la acción de los servicios específicos de intermediación de la propia entidad, que se acreditará en los términos del apartado anterior.»

Siete. Se modifica el artículo 675, que queda redactado como sigue:

«***Artículo 675. Posesión judicial y ocupantes del inmueble.***

1. Si el adquirente lo solicitara, se le pondrá en posesión del inmueble que no se hallare ocupado.

2. Si el inmueble estuviera ocupado, el Letrado de la Administración de Justicia acordará de inmediato el lanzamiento cuando el Tribunal haya resuelto, con fijación de día y hora exacta y con arreglo a lo previsto en el apartado 2 del artículo 661, que el ocupante u ocupantes no tienen derecho a permanecer en él. Los ocupantes desalojados podrán ejercitar los derechos que crean asistirles en el juicio que corresponda.

Cuando, estando el inmueble ocupado, no se hubiera procedido previamente con arreglo a lo dispuesto en el apartado 2 del artículo 661, el adquirente podrá pedir al Tribunal de la ejecución el lanzamiento de quienes, teniendo en cuenta lo dispuesto en el artículo 661, puedan considerarse ocupantes de mero hecho o sin título suficiente. La petición deberá efectuarse en el plazo de un año desde la adquisición del inmueble por el rematante o adjudicatario, transcurrido el cual la pretensión de desalojo sólo podrá hacerse valer en el juicio que corresponda.

3. La petición de lanzamiento a que se refiere el apartado anterior se notificará a los ocupantes indicados por el adquirente, con citación a una vista que señalará el Letrado de la Administración de Justicia dentro del plazo de diez días, en la que podrán alegar y probar lo que consideren oportuno respecto de su situación. El Tribunal, por medio de auto, sin ulterior recurso, resolverá sobre el lanzamiento, que decretará en todo caso si el ocupante u ocupantes citados no comparecieren sin justa causa.

4. El auto que resolviere sobre el lanzamiento de los ocupantes de un inmueble deberá ser notificado a los ocupantes y fijará día y hora exacta en la que éste tendrá lugar y dejará a salvo, cualquiera que fuere su contenido, los derechos de los interesados, que podrán ejercitarse en el juicio que corresponda.»

Ocho. Se modifica el apartado 2 del artículo 685 con el siguiente literal:

«2. A la demanda se acompañarán el título o títulos de crédito, revestidos de los requisitos que esta ley exige para el despacho de la ejecución, así como los demás documentos a que se refieren el artículo 550 y, en sus respectivos casos, los artículos 573 y 574 de la presente ley.

En caso de ejecución sobre bienes hipotecados o sobre bienes en régimen de prenda sin desplazamiento, si no pudiese presentarse el título inscrito, deberá acompañarse con el que se presente certificación del Registro que acredite la inscripción y subsistencia de la hipoteca.

En supuestos de demanda de ejecución sobre bienes hipotecados deberá indicarse si el inmueble objeto de la misma constituye la vivienda habitual del deudor, así como si concurre en la parte ejecutante la condición de gran tenedora de vivienda conforme a lo previsto en la letra b) del apartado 6 del artículo 439.

En el caso de indicarse que no se tiene la condición de gran tenedor, a efectos de corroborar tal extremo, se deberá adjuntar a la demanda certificación del Registro de la Propiedad en el que consten la relación de propiedades a nombre de la parte actora.

Asimismo, deberá indicarse si el deudor se encuentra o no en situación de vulnerabilidad económica.

Para acreditar la concurrencia o no de vulnerabilidad económica se deberá aportar documento acreditativo, de vigencia no superior a tres meses, emitido, previo consentimiento del deudor hipotecario de la vivienda, por los servicios de las Administraciones autonómicas y locales competentes en materia de vivienda, asistencia social, evaluación e información de situaciones de necesidad social y atención inmediata a personas en situación o riesgo de exclusión social que hayan sido específicamente designados conforme la legislación y normativa autonómica en materia de vivienda.

Este requisito también podrá cumplirse mediante:

1.º La declaración responsable emitida por la parte actora de que ha acudido a los servicios indicados anteriormente, en un plazo máximo de cinco meses de antelación a la presentación de la demanda, sin que hubiera sido atendida o se hubieran iniciado los trámites correspondientes en el plazo de dos meses desde que presentó su solicitud, junto con justificante acreditativo de la misma.

2.º El documento acreditativo de los servicios competentes que indiquen que el deudor hipotecario no consiente expresamente el estudio de su situación económica en los términos previstos por la legislación y normativa autonómica en materia de vivienda. Este documento no podrá tener una vigencia superior a tres meses.

En el caso de que el acreedor hipotecario sea un gran tenedor de vivienda, el inmueble objeto de demanda sea la vivienda habitual del deudor hipotecario y se tenga constancia, conforme a los apartados anteriores, que éste se encuentra en situación de vulnerabilidad económica, no se admitirán las demandas de ejecución hipotecaria en las que no se acredite que la parte actora se ha sometido al procedimiento de conciliación o intermediación que a tal efecto establezcan las Administraciones Públicas competentes, en base al análisis de las circunstancias de ambas partes y de las posibles ayudas y subvenciones existentes conforme a la legislación y normativa autonómica en materia de vivienda.

El requisito anterior podrá acreditarse mediante alguna de las siguientes formas:

1.º La declaración responsable emitida por la parte actora de que ha acudido a los servicios indicados anteriormente, en un plazo máximo de cinco meses de antelación a la presentación de la demanda, sin que hubiera sido atendida o se hubieran iniciado los trámites correspondientes en el plazo de dos meses desde que presentó su solicitud, junto con justificante acreditativo de la misma.

2.º El documento acreditativo de los servicios competentes que indique el resultado del procedimiento de conciliación o intermediación, en el que se hará constar la identidad de las partes, el objeto de la controversia y si alguna de las partes ha rehusado participar en el procedimiento, en su caso. Este documento no podrá tener una vigencia superior a tres meses.

En el caso de que el acreedor hipotecario sea una entidad pública de vivienda el requisito anterior se podrá sustituir, en su caso, por la previa concurrencia de la acción de los servicios específicos de intermediación de la propia entidad, que se acreditará en los términos del apartado anterior.»

Nueve. Se modifica el apartado 1 del artículo 704, que queda redactado como sigue:

«1. Cuando el inmueble cuya posesión se deba entregar fuera vivienda habitual del ejecutado o de quienes de él dependan, el Letrado de la Administración de Justicia les dará un plazo de un mes para desalojarlo. De existir motivo fundado, podrá prorrogarse dicho plazo un mes más.

Transcurridos los plazos señalados, se procederá de inmediato al lanzamiento, fijándose día y hora exacta de éste *tanto en la resolución inicial como en la que acuerde la prórroga o en cualquier resolución ulterior que acuerde el lanzamiento, aunque este se haya intentado practicar con anterioridad.»*

Diez. Se incorpora una nueva disposición adicional séptima, que queda redactada como sigue:

«Disposición adicional séptima.

En los procedimientos penales que se sigan por delito de usurpación del apartado 2 del artículo 245 del Código Penal, en caso de sustanciarse con carácter cautelar la medida de desalojo y restitución del inmueble objeto del delito a su legítimo poseedor y siempre que entre quienes ocupen la vivienda se encuentren personas dependientes de conformidad con lo dispuesto en el apartado 2 del artículo 2 de la Ley 39/2006, de 14 de diciembre, de Promoción de la Autonomía Personal y Atención a las personas en situación de dependencia, víctimas de violencia sobre la mujer o personas menores de edad, se dará traslado a las Administraciones Autonómicas y locales competentes en materia de vivienda, asistencia social, evaluación e información de situaciones de necesidad social y atención inmediata a personas en situación o riesgo de exclusión social, con el fin de que puedan adoptar las medidas de protección que correspondan.

Las mismas previsiones se adoptarán cuando el desalojo de la vivienda se acuerde en sentencia.»

D.F. 6.ª Limitación extraordinaria de la actualización anual de la renta de los contratos de arrendamiento de vivienda.

El Real Decreto-ley 6/2022, de 29 de marzo, por el que se adoptan medidas urgentes en el marco del Plan Nacional de respuesta a las consecuencias económicas y sociales de la guerra en Ucrania, queda modificado como sigue:

El artículo 46 queda redactado en los siguientes términos:

«Artículo 46. Limitación extraordinaria de la actualización anual de la renta de los contratos de arrendamiento de vivienda.

1. La persona arrendataria de un contrato de alquiler de vivienda sujeto a la Ley 29/1994, de 24 de noviembre, de Arrendamientos Urbanos, cuya renta deba ser actualizada porque se cumpla la correspondiente anualidad de vigencia dentro del periodo comprendido entre la entrada en vigor de este real decreto-ley y el 31 de diciembre de 2023, podrá negociar con el arrendador el incremento que se aplicará en esa actualización anual de la renta, con sujeción a las siguientes condiciones:

a) En el caso de que el arrendador sea un gran tenedor en los términos que establece el artículo 3.k) de la Ley 12/2023, de 24 de mayo, por el derecho a la vivienda, el incremento de la renta será el que resulte del nuevo pacto entre las partes, sin que pueda exceder del resultado de aplicar la variación anual del Índice de Garantía de Competitividad a fecha de dicha actualización, tomando como mes de referencia para la actualización el que corresponda al último índice que estuviera publicado en la fecha de actualización del contrato. En ausencia de este nuevo pacto entre las partes, el incremento de la renta quedará sujeto a esta misma limitación.

b) En el caso de que el arrendador no sea un gran tenedor, el incremento de la renta será el que resulte del nuevo pacto entre las partes. En ausencia de este nuevo pacto entre las partes, el incremento de la renta no podrá exceder del resultado de aplicar la variación anual del Índice de Garantía de Competitividad a fecha de dicha actualización, tomando como mes de referencia para la actualización el que corresponda al último índice que estuviera publicado en la fecha de actualización del contrato.

2. La persona arrendataria de un contrato de alquiler de vivienda sujeto a la Ley 29/1994, de 24 de noviembre, de Arrendamientos Urbanos, cuya renta deba ser actualizada porque se cumpla la correspondiente anualidad de vigencia dentro del periodo comprendido entre el 1 de enero de 2024 y el 31 de diciembre de 2024, podrá negociar con el arrendador el incremento que se aplicará en esa actualización anual de la renta, con sujeción a las siguientes condiciones:

a) En el caso de que el arrendador sea un gran tenedor en los términos que establece el artículo 3.k) de la Ley 12/2023, de 24 de mayo, por el derecho a la vivienda, el incremento de la renta será el que resulte del nuevo pacto entre las partes, sin que la variación anual de la renta pueda exceder del tres por ciento. En ausencia de este nuevo pacto entre las partes, el incremento de la renta quedará sujeto a esta misma limitación.

b) En el caso de que el arrendador no sea un gran tenedor, el incremento de la renta será el que resulte del nuevo pacto entre las partes. En ausencia de este nuevo pacto entre las partes, el incremento de la renta a aplicar no podrá ser superior al tres por ciento.»

D.F. 7.ª Títulos competenciales.

1. Esta ley se dicta al amparo del artículo 149.1.1.ª y 13.ª de la Constitución que atribuye al Estado las competencias para regular las condiciones básicas que garanticen la igualdad de todos los españoles en el ejercicio de los derechos y en el cumplimiento de los deberes constitucionales y las bases y coordinación de la planificación general de la actividad económica, respectivamente.

2. De lo expuesto en el apartado anterior se exceptúan los siguientes artículos:

a) Los artículos 10, 11, 32, 33, 34, 35, 36 y disposición final primera que se amparan en la competencia que el artículo 149.1.8.ª de la Constitución Española atribuye al Estado en materia de legislación civil.

b) El artículo 5 y la disposición final quinta que se amparan en la competencia que el artículo 149.1.6.ª de la Constitución española atribuye al Estado en materia de legislación procesal.

c) Las disposiciones finales segunda y tercera que se incardinan en el artículo 149.1.14.ª de la Constitución, que atribuye al Estado competencia exclusiva en materia de hacienda general.

3. El contenido de los artículos 22, 23, 24, 26 y la disposición adicional segunda será únicamente de aplicación a la Administración General del Estado.

4. Lo dispuesto en esta ley se aplicará sin perjuicio de:

a) Las previsiones de los regímenes civiles, forales o especiales en el ámbito reservado a las mismas por el artículo 149.1.8.ª de la Constitución, allí donde existan, así como de los regímenes tributarios forales de concierto y convenio económico en vigor, respectivamente, en los Territorios Históricos de la Comunidad Autónoma del País Vasco y en la Comunidad Foral de Navarra.

b) El ejercicio de la competencia exclusiva que hayan asumido las comunidades autónomas en virtud del artículo 148.1.3.ª de la Constitución en materia de ordenación del territorio, urbanismo y vivienda.

D.F. 8.ª Desarrollo reglamentario.

Se autoriza al Gobierno para proceder, en el marco de sus atribuciones, al desarrollo de esta ley.

D.F. 9.ª Entrada en vigor.

La presente ley entrará en vigor el día siguiente al de su publicación en el «Boletín Oficial del Estado», excepto la disposición final segunda, que entrará en vigor el 1 de enero del año siguiente al de su publicación en el «Boletín Oficial del Estado».

Por tanto,

Mando a todos los españoles, particulares y autoridades, que guarden y hagan guardar esta ley.

Madrid, 24 de mayo de 2023.

FELIPE R.

El Presidente del Gobierno,
PEDRO SÁNCHEZ PÉREZ-CASTEJÓN

NOTAS